EL LAZARILLO DE TORMES

COMPENDIOS VOSGOS

el lazarillo de tormes

ANÓNIMO

2004

©ART ENTERPRISE, S.L.
art-enterprise@art-enterprise.com

ISBN: 84-95761-24-6
Depósito Legal: B-25.286-2004
Impreso en UE
Printed in EU

Diseño portada: Santiago Roman

Impreso por E.Balmes, S.L.

introducción

EDICIONES Y FECHAS DE COMPOSICIÓN

La vida de Lazarillo de Tormes, y de sus fortunas y adversidades apareció editada en 1554 en tres ciudades: Burgos, Amberes y Alcalá de Henares. En esta última, como *nuevamente impresa, corregida y de nuevo añadida en esta segunda impresión.* Se incluyen en ella unas interpelaciones que no son obra del primitivo autor, aunque conserven su espíritu con bastante fidelidad.

Se presume que existió al menos una edición *princeps*, quizá de 1553, de la que derivarían estas tres. Por desgracia no se ha encontrado ningún ejemplar para demostrarlo, y todos los datos que se han aportado no pasan de meras conjeturas. Bonilla y San Martín habla de una edición impresa fuera de España, en 1550, y de la cual había poseído un ejemplar primero el duque de T. Serclaes y después el marqués de Jerez de los Caballeros.

Haya habido o no una edición *princeps*, los tres textos que actualmente disponemos presentan un arduo problema al cotejar sus variantes. La tesis de Cavaliere parece la más aceptable. Sostiene que la edición de Burgos está más próxima a la de Amberes que a la de Alcalá; esta última ofrece notables diferencias respecto a las otras dos. De todos modos las tres derivan de un arquetipo común, la de Burgos lo sigue con bastante fidelidad, en tanto que, las de Amberes y Alcalá copian a un intermediario. En la de Alcalá se incluyen, como decimos, algunas interpolaciones.

El punto cronológico que ha suscitado, sin embargo, más discusiones es el de la fecha de composición. El dato más accesible es la alusión al final de la novela sobre las Cortes convocadas por Carlos V en Toledo. Como hubo dos, una en 1525 y otra en 1538, no se llega a un acuerdo en cuanto a esta referencia. Son partidarios de la primera fecha, entre otros, A. Sicroff, M. de Riquer, J. M. Asensio y A. del Monte; de la segunda, Márquez Villanueva y Bataillon.

La fecha más antigua está apoyada en la cronología de todo el texto de la novela. Desde la batalla de los Gelves (1510), donde Lázaro queda huérfano (tenía por entonces ocho o nueve años), hasta el momento en que escribe su autobiografía transcurrieron unos quince años; por tanto se llega a la fecha de 1525-1526, que coincide con la primera convocatoria de Cortes. De todos modos esto no justifica en rigor que la composición de la obra fuera por esos años, pues como admite A. del Monte "es posible que el autor, pese a respetar dentro de ciertos límites de libertad la cronología de una autobiografía auténtica, la retrase hasta el punto de que incluso parece pasado el tiempo de la conclusión de la novela cuando Lázaro, que se refiere al pasado, expone su caso". *[1]

EL AUTOR

Ya veremos más adelante que la misma índole autobiográfica y relativista del *Lazarillo* "imponía" en su sentido constructivo el anonimato del presunto autor. Sin embargo, los eruditos, movidos por el loable afán de atribuirle una paternidad y rendir al escritor su merecido homenaje, no han reparado en trabajos por descubrir al que por razones que hoy día no se nos alcanzan, prefirió quedarse entre los bastidores de nuestra querida historia literaria.

Los dos primeros nombres que se barajaron fueron el del padre Juan de Ortega, general de la Orden de San Jerónimo entre 1552 y 1555; y el de don Diego Hurtado de Mendoza. El primero en citar al distinguido religioso fue fray José de Sigüenza, en su *Historia de la Orden de San*

---

1. A. del Monte, *Itinerario de la Novela picaresca española*, pág. 22

* (Todas las obras y autores citados en estas notas aparecen referenciados en la Bibliografía al fin de este Compendio.)

Gerónimo (1605), asegurando que fray Juan había escrito la obra cuando era estudiante en Salamanca. Bataillon sostiene esta misma atribución; el anticlericalismo que rezuma la obra no es razón poderosa para invalidarla, ya que el ambiente de los clérigos instruidos y reformados difundía la misma clase de censuras contra la corrupción eclesiástica. El humor también era habitual entre clérigos, y si la publicación salió anónima, razón de más para que no se quisiera comprometer un hombre que ocupaba tan alto cargo religioso.

Los que defienden la paternidad de Hurtado de Mendoza se apoyan en el *Catalogus clarorum Hispaniae scriptorum* (1607) de Valerio Andrés quien, en una breve cita, lo atribuye a este escritor. El anonimato se explicaría porque en aquel entonces el autor de la *Guerra de Granada* estaba en desgracia con el rey. Algunos críticos han ofrecido serios reparos a esta tesis. Por ejemplo, es incomprensible el silencio del primer editor de sus Poesías (1610) y de su mismo biógrafo, Baltasar de Zúñiga (1627). A ello se suma la distinta factura estilística del *Lazarillo* de las restantes obras de Hurtado de Mendoza.

Julio Cejador lanzó la tesis de que el autor anónimo era Sebastian de Horozco, quien escribió un Cancionero, un *Libro de Proverbios* y una *Colección de varias noticias toledanas*. Además de sus simpatías erasmistas se ofrece como principal argumentación un pasaje de una composición religiosa del *Cancionero* donde aparecen un ciego y su lazarillo. El ciego tropieza con una esquina y el muchacho se burla de él: *Pues que olistes el tocino. ¿cómo no olistes la esquina?* El chiste se repite en parecidos términos al final del primer Tratado del *Lazarillo*. Estas y otras coincidencias menores hacen suponer a Cejador una misma paternidad para ambas obras. No es razón suficiente puesto que este material pertenecía al folklore de la época por lo demás el *Cancionero* podía ser posterior a 1554.

Morel Fatio pensó en el círculo de los hermanos Valdés, opinión que también ha sostenido con suma cautela Eugenio Asensio, quien llega a insinuar a Juan de Valdés como el posible autor. En el ambiente de estos humanistas se habían desarrollado con vigor las ideas erasmistas, pero nuestra obra ofrece poco de tales ideas reformadoras ya que la crítica va dirigida principalmente contra la degradación moral de los clérigos, su egoísmo e ignorancia en materia religiosa. El erasmismo, que había

alcanzado muchos adeptos en la corte de Carlos V, operaba principalmente en el terreno de las ideas. Según Bataillon, el *Lazarillo* "más bien
se entronca con el anticlericalismo de los *fabliau* de la Edad Media y de
los cuentos italianos del primer Renacimiento".[2]

Por su lado, Fonger de Haan recuerda a un pregonero toledano que
existió en 1538, llamado Lope de Rueda, el cual podría ser el autor de
esta obra y asimismo de los célebres pasos de teatro. Esta atribución no
ha encontrado eco; de la misma lectura de la novela se desprende la diferencia entre la ficción autobiográfica del personaje y la realidad de un
autor culto.

La teoría más reciente ha sido expuesta por Américo Castro. Este eminente crítico piensa en algún converso o descendiente de judíos con-
vertidos, en razón del tono amargo que respiran las anécdotas y fugaces
reflexiones. Lázaro Carreter [3] llega a la misma conclusión después de
un pormenorizado análisis de la obra. El *Lazarillo de Tormes* "es, creemos, el testimonio de un desencanto, la ejemplificación de un ansia co-
lectiva mediante un personaje, en último término grotesco, que rueda
per un mundo cruel hacia el deshonor, y al que, sin embargo, no falta
aliento para sumar su voz al coro de postulantes de honra".

En resumen, las hipótesis son variadas pero ninguna suficientemente firme para dilucidar este problema, uno de los de mayor interés en
nuestras letras pero que posiblemente jamás llegue a resolverse.

LA INTERPOLACIÓN DE ALCALÁ

Las agregaciones hechas en la edición de esta ciudad se limitan a unas
pocas anécdotas que en nada varían el curso sustancial de la trama, y que
conservan en bastante medida su mismo espíritu aunque fueran obra de
un segundo escritor.

Con el fin de respetar el original no nos referiremos a ellas en las sinopsis y comentarios, pero creemos necesario resumir su contenido en
esta introducción.

2. M. Bataillon, *Novedad y fecundidad del "Lazarillo de Tormes"*, pág. 17.
3. F. Lázaro Carreter, *Construcción y sentido del "Lazarillo de Tormes"*, pág. 129.

Primera: Tratado I. A continuación del episodio de las uvas.

Estaban Lázaro y el ciego en casa de un zapatero de Escalona. Unas sogas que colgaban dieron al amo en la cabeza. Este, después de palparlas y descubrir lo que eran, quiso marcharse de allí, profetizando: "Anda presto, muchacho, salgamos de entre tan mal manjar, que ahoga sin comerlo". El inocente niño no acertó a dar con el sentido de la profecía.

Luego llegaron a un mesón junto a cuya puerta estaban atados unos cuernos. Al tentar uno de ellos, le dio ocasión de adivinar el futuro de su criado. *Algún día te dará éste que en la mano tengo, alguna mala comida y cena.*

Ambas profecías se cumplirán al final del libro; la primera porque Lázaro acompañará con sus pregones a los ajusticiados que van a la horca; la segunda porque consentirá en el adulterio de su mujer con el arcipreste. No se pierde, pues, el sentido progresivo y unitario en la construcción de la novela.

Segunda: Tratado V. Sigue el engaño del buldero.

Cuenta Lázaro lo que le ocurrió en otro pueblecito. A pesar de los sermones que había predicado el buldero, los habitantes se resistían a comprar las bulas. Optó entonces para su remedio por arrojar a puñados las bulas en la iglesia. La gente del pueblo tan pronto como vio que las daba de balde acudió precipitadamente a cogerlas. Una vez que se hubo terminado la entrega, convocó el buldero a su escribano y al del Consejo para que hiciesen una relación sobre cada propietario. Concluido el inventario, pidió a los alcaldes mandasen al escribano le diese autoridad del inventario que ascendía a más de dos mil bulas.

No sospecharon la burla los del pueblo, quedando éstos muy contentos con lo obtenido con tan poco esfuerzo. Despidieron agradecidos a los falsarios, los cuales tomaron camino de la Mancha para proseguir con su negocio. Pero en los siguientes lugares volvían a tropezar con las mismas dificultades. En vista de la poca ganancia, el buldero recurrió a un ingenioso ardid que probab su astucia. Un día, después de terminar su habitual sermón, cogió la cruz y sin que nadie pudiera advertirlo, la

9

puso sobre la lumbre de un brasero mientras decía la misa. A la hora de echar la bendición bajó las gradas con la cruz en una mano, envuelta en un paño, y una bula en la otra. Luego hizo señal que se acercaran a besar la imagen; el primero que en ella puso los labios fue un alcalde viejo y se abrasó toda la cara; siguieron otros feligreses sufriendo el mismo daño. El buldero gritaba milagro y todo el pueblo se llenó de admiración, de manera que acudieron en masa a comprar las bulas, creyendo que había sido un castigo divino por haberse resistido a gastar el dinero en obra tan pía. No satisfecho aún con estos beneficios, el amo de Lázaro trocó la cruz "milagrosa" por otra de plata maciza que, a cambio, le ofrecieron el Consejo y clérigos del lugar.

Después del negocio partieron muy a alegres los pillos. Sólo Lázaro, por casualidad, había podido descubrir el engaño del brasero, pero el temor a su amo fue imperioso para que no comunicara a nadie el falso milagro.

Tercera: Tratado VII.

Son dos cortos párrafos separados entre sí donde se hace mención de las dos profecías del principio. Se cumple la primera con el oficio de pregonero, y la segunda con las murmuraciones sobre la esposa de Lázaro. Por medio de estas referencias a los primeros pasos del mozo, el interpolador da muestras clarividentes de haber comprendido que el *Lazarillo* es un relato cerrado.

Por desgracia, hay un último añadido que da punto final a la novela, donde el autor esta vez desbarra. *De lo que aquí adelante me sucediere, avisaré a Vuestra Merced.* Tal declaración significa que se le ha escapado la idea de la enteresa del relato en torno a una sola explicación.

NACIMIENTO DEL PÍCARO

La novela picaresca nace en el reinado de Carlos V y ello supone que recoge su realidad histórica, un período de notoria hegemonía política y militar pero al mismo tiempo de una palpable decadencia económica. El emperador había conseguido éxitos europeos en sus campañas militares contra Francia y al asumir la corona de Alemania. En el interior del país impuso también su poder al sofocar levantamientos populares como lo fueron el de los Comuneros y las Germanías. Tales campañas exigían grandes gastos. Para cubrirlos recurrió al préstamo de importantes banqueros europeos y esta enorme deuda, más la heredada de su predecesor Fernando el Católico, tenía que ser satisfecha por medio de la importación de metales preciosos de los filones americanos y por el impuesto aplicado al único estamento capaz de soportar esta carga, el popular. Tamaño esfuerzo, sumado a las prebendas escandalosas de sectores sociales privilegiados e improductivos, sólo podía traer consigo un empobrecimiento del país y una creciente queja de las personas más perjudicadas. No es de extrañar, pues, que al abrigo de esta podredumbre nacional creciesen toda clase de vagabundos, parásitos y aventureros, cifrados literariamente en una palabra: el pícaro. Personaje que en unas condiciones sociales cada vez más deplorables, sobrevivirá un siglo entero.

El origen del término merece un poco de atención. Aparece escrito por primera vez en la *Farsa llamada Custodia del hombre* de Bartolomé Palau (entre 1541 y 1547). Se repite poco después, en la *Carta del Bachiller de Arcadia al Capitán Salazar* (1548). A partir de estas fechas se generaliza, sustituyendo al ganapán del siglo XV.

Es aplicado en diversos contextos, pero dentro de un círculo romántico no muy amplio. El pícaro es un parásito holgazán, vagabundo, pedigüeño, mal vestido, amigo de las grandes cocinas y sin oficio propio. El vocablo no aparece todavía en el *Lazarillo*; el primero en usarlo como protagonista del nuevo género literario es Mateo Alemán, en su *Guzmán de Alfarache* (1599-1605).

Más difícil es rastrear la etimología de pícaro. La teoría que goza hoy día de más aceptación es la sugerida en su tiempo por Covarrubias (1611) y modernamente sostenida por Nykl. Se basa en picard, habitante de Picardía; los soldados de esta región francesa se distinguían por su vagabundeo y solían pulular en torno a las peregrinaciones de Compostela. Analogías parecidas se dan en nuestra lengua cuando decimos "llevar una vida de bohemio" o "mostrarse *flamenco*", términos basados en peculiaridades regionales. Sin embargo, el cambio acentual crea nuevas dificultades. H. Peseux-Richard ha dado una razonable interpretación fonética; según él, la palabra picard sonaba a los oídos españoles igual

11

a "picar". Para evitar la homofonía, se añadió el morfema masculina "pícaro" pero resultaba palabra llana. Luego, por analogía con otros adjetivos de naciones, esdrújulos, *búlgaro, húngaro*, se produce la traslación acentual, a pícaro. Por lo demás, no faltan ejemplos de uso de pícaro como habitante de la Picardía.

El femenino *pícara* de las novelas picarescas, es una formación más tardía, derivada de la forma masculina; si no, hubiera dado la palabra *picarda* tal como se conoce en textos de nuestros clásicos acompañando a sustantivos inanimados, como "lengua picarda".

Corominas sugiere en pícaro una derivación etimológica de picar, similar a la de *pájaro* con respecto a *papar*. El término verbal a su vez vendría de palabras de significado parecido al de *pícaro*, tales como *picaño, picorro* y *picayo*.

Como muy bien concluye A. del Monte, "sea como fuere, hay que tener en cuenta que el valor etimológico ya no estaba presente en la conciencia lingüística de los escritores de los siglos XVI y XVII: el pícaro, por lo tanto, nació olvidadizo de sus progenitores".[4]

SIMBOLISMO DE LOS PERSONAJES, PUNTOS GEOGRÁFICOS,
NOMBRES PROPIOS, MITOLÓGICOS E HISTÓRICOS

ALCALÁ DE HENARES. Ciudad española de la provincia de Madrid. En la España de la Edad Moderna es famosa por su Universidad y Biblioteca. La Universidad patrocinó la Edición Políglota de la Biblia Complutense, dirigida por el cardenal Cisneros.

ALEMÁN, MATEO (1547-1615). Escritor español del Siglo de Oro. Autor, amén de otros muchas obras,de la novela picaresca *Guzmán de Alfarache,* de tono didáctico y moralizante. Su estilo es muy simpley sencillo.

ALMORO X. Villa española de la provincia de Toledo, "capital del viñedo mas afamado de aquel entonces de España". En ella tiene lugar el episodio de las uvas. (Tratado I)

AMADÍS DE GAULA. Libro de Caballerías castellano muy leído en el siglo XVI. Era muy admirado

4. A. del Monte, *Itinerario de la novela picaresca española,* pág. 13.

por Cervantes que lo cita repetidamente en el Quijote.

AMBERES. Puerto de Bélgica. Asociado en la Edad Moderna a la comercio de América, lo que favoreció su esplendor económico; famoso también por su Bolsa. Sus celebres imprentas fueron un centro de difusión del humanismo renacentista.

APULEYO (125-180). Escritor latino. Su obra más famosa son las *Metamorfosis,* novela simbólica de gran influencia en la Baja Edad Media y el Prerrenacimiento; se la conocía también por *El asno de oro, t*al como se cita en el texto.

ARIAS MONTANO, BENITO (1527-1598). Humanista español y teólogo de Trento. Trabajó en las Biblias Políglotas de Alcalá y de Amberes. Su obra personal mís famosa es el *Liber generationis Adam.*

BURGOS. Ciudad y provincia castellana. Cuna del condado de Castilla. En la Edad Moderna fue centro de relación y comercio en amplio contacto con Sevilla y Flandes. Es en el siglo XV cuando se construyen seis grandes monumentos.

CARLOS I DE ESPAÑA Y V DE ALEMANIA. (1500-1558). Príncipe de los Países Bajos, rey de España y de Sicilia. Emperador de Alemania. Dueño de uno de los imperios más fabulosos de la Edad Moderna. Con él, la Casa de Austria logró su máximo esplendor. (Citado como referencia histórica en el tratado VII del *Lazarillo.*)

COMUNEROS. Pertenecientes a las Comunidades de Castilla que se levantaron contra Carlos I en 1520-1522, en disconformidad con la política europeísta del emperador. Sus líderes más notables fueron Bravo, Padilla y Maldonado. Derrotados en Villalar (1521) y Toledo (1522) fueron ajusticiados.

CONFESIONES DE SAN AGUSTÍN. Escritas en latín, hacia el año 400, cuando Agustín de Tagaste era ya obispo de Hipona. Autobiografía interior que describe la vida íntima del protagonista, es la primera obra de este genero; tuvo una extraordinaria influencia.

ERASMO DE ROTTERDAM (1468-1536). Humanista holandés que escribió en latín. Tuvo tina profundísima influencia en el Renacimiento y en la Reforma. Obras notables: *Colloquia. Encomium Moriae Enquiridion.*

ESCALONA. Villa de la provincia de Toledo. En ella tiene lugar la despedida y golpe del ciego, tornándole Lázaro el regalo del berraco (Tratado I).

ESPINEL, VICENTE (1550-1624). Poeta español inventor de la décima que tiene su nombre "espinela". Autor de la novela picaresca *Vida del escudero Marcos de Obregón*, su obra mas importante.

GELVES. Nombre español de la isla de Yerba del golfo de Trípoli. En ella tuvo lugar la derrota de las tropas del emperador Carlos (1510) al mando de Pedro Navarro. A causa de esta derrota, en manos de los sarracenos, se suspendió temporalmente la conquista de Africa, (En el Tratado I hay una alusión ella.)

GERMANIAS. Movimiento revolucionario de la burguesía contra la nobleza, que tuvo lugar en el reino de Valencia entre 1519 y 1523, en tiempos de Carlos I. La revolución se frustró y con ella fue derrotada la burguesía más importante de la península.

GIL, VICENTE (1470-1539). Dra-maturgo portugués. En su amplia producción dramática (autos, comedias tragicomedias y farsas) escribió algunas obras en caste-llano. Se le llamaba el Plauto portugués.

GONZÁLEZ TOMÉ. Padre de Lázaro.

JUAN DE LUNA (1580-1630). Interprete de lengua castellana en París que escribió una segunda parte del Lazarillo, muy inferior a la primera.

LA CELESTINA, Tragicomedia de Calisto y Melibea, conocida normalmente por… Obra del siglo XV-XVI. Su autor fue Fernando de Rojas, aunque tomó el primer acto de un autor desconocido. Tiene forma dialogada y estructura dramática, pero ha sido esca-samente representada. Una de las obras cumbres de la literatura castellana. La mentalidad que refleja es la de la transición del Medioveo al Renacimiento. (Véase Compendio Vosgos, n.º 4.)

LOPE DE RUEDA (1510-1565), Comediógrafo español muy admirado por Cervantes. Lope de Vega le considera el fundador del teatro español Autor de sabro-sísimos pasos y entremeses.

MASQUEDA. Ciudad ele la provincia de Toledo, en ella tiene lugar la aventura del clérigo. (Tratado 11.)

PÉREZ, ANTONA. Madre de Lazaro.

QUEVEDO (1580-1645). Uno de los autares cumbres del barroco español en su línea conceptista. Ideólogo, poeta y dramaturgo. Entre su amplísinia y variadísima obra destacamos La vida del busc ón llamado don Pablos, obra cun bre de la novela picaresca.

SALAMANCA. Ciudad castellana famosa

por su Universidad y monumentos varios. Patria de Lázaro, y lugar donde transcurre su infancia. En ella está ubicado el episodio del berraco (Toros ibéricos pétreos, aún hoy visibles: posible resto de ex votos y monu-mentos de caza.)

SANTIAGO DE COMPOSTELA. Ciudad gallega. Famosa por el sepulcro del apóstol Santiago, al que se acudía en peregrinación durante la Edad Media. Notables su Universidad y Catedral.

TERESA DE JESÚS (1515-1582). Mujer y santa castellana refor-madora del Carmelo. Su contri-bución a la literatura castellana, a través de suautobiografía, consejos a las monjas y obras asce-ticomísticas, sigue la línea de sencillez y lenguaje popular que inicia el Lazarillo.

TOLEDO. Ciudad castellana situada a orillas del Tajo. Lázaro acaba sus días en ella como pregonero. Carlos I mandó construir su famoso Alcázar. Su visita sirve para datar la obra. (Tratado VII.)

TORMES. Río castellano afluente del Duero; pasa por Salamanca. Lázaro nació junto a una aceña del Tormes.

VALDÉS, JUAN Y ALFONSO. De Notables humanistas españoles de los siglos XV y XVI. Amigos de Erasmo. Alfonso fue secretario del emperador Carlos. Juan se convirtió al protestantismo. Su obra más importante es *Diálogos de la Lengua Española*

ZAIDE. Mulato amancebado con la madre de Lázaro.

sinopsis y comentarios

prólogo

Sinopsis

El autor, por boca de su personaje Lázaro, manifiesta que cualquier cosa, por mínima que sea, es aprovechable. Por lo mismo, cualquier libro ofrece siempre algo de bueno. Si no fuera así habría muy pocos escritores que escribieran para sí mismos, pues siempre se espera la recompensa de la alabanza suscitada por la lectura.

Idéntico deseo impera en el ánimo esforzado del soldado. Los elogios son siempre bien acogidos por todas las personas. Por consiguiente, el autor, sin considerarse superior a otros según el grossero estilo con que escribe, espera que se huelguen con ello todos los que en ella [su obra], algún gusto hallaren, y vean que vive un hombre con tantas fortunas, peligros y adversidades.

Finalmente, concluye este preámbulo suplicando a Vuestra Merced que reciba con agrado el escrito que le envía, añadiendo unas últimas declaraciones muy sustanciosas:

> *Y pues Vuestra Merced escribe se le escriba y relate el caso*
> *muy por extenso, paresció me no tomalle por el medio, sino*
> *del principio, porque se tenga entera noticia de mi persona;*
> *y también porque consideren los que heredaron nobles*
> *estados cuán poco se les debe, pues Fortuna fue con ellos*

17

parcial, y cuánto más hicieron los que, siéndoles contraria,
con fuerza y maña remando, salieron a buen puerto[5].

Comentario

F. Lázaro Carreter ha escrito unas enjundiosas páginas sobre este prólogo[6]. *Se trata de un exordio destinado a conseguir la atención y benevolencia del público, a justificar el esfuerzo y a anunciar el contenido de la narración.* La disposición responde a unos cánones tradicionales y puede ser dividida en tres partes. En la primera se trata de encarecer la historia contando cosas *nunca oídas ni vistas*, más el anuncio del provecho si se la lee con atención. En la segunda parte pide la recompensa a su esfuerzo, sustentada en la máxima ciceroniana *la honra cría las artes*, y la justifica con unos ejemplos (el soldado, el presentado, el señor). Por último, evita la sospecha de arrogancia mediante el tónico medieval de las *rusticitas* (*desta nonada, que en este grosero estilo escribo*).

Sin embargo, dentro de esta línea convencional se esconde un propósito moderno, al poner burlonamente en tela de juicio uno de los valores más sagrados dentro de la tradición social, el de la *virtus*, traducida en el Renacimiento por un mérito personal y social. Resultaba chocante que ante esta cuestión comenzada a debatirse a partir del individualismo renacentista, echara su baza a espadas un ser de tan vil condición como es nuestro personaje. El mismo asume su argumentación con el ejemplo de su vida. El culto autor, todavía presente en esas citas clásicas y en el conocimiento de la retórica antigua, confiere todo su poder a su personaje-narrador a partir de la primera línea de la obra. No había otra manera de punzar a la sociedad hasta los límites del sarcasmo.

Lázaro escribe al "Vuestra Merced" para explicarle y justificar, por ende, el caso de que el señor tiene vaga idea por noticias que han llegado a sus oídos. Y para que todo quede claro decide contárselo "muy por extenso", "del principio". Afirma Rico, y creemos que con razón, que "el caso es, pues, el pretexto de *La vida de Lazarillo de Tormes.* Pero no

5. F. Rico, *La novela picaresca española.*
6. F. Lázaro Carreter, *Construcción y sentido del "L. de T.",* págs. 120 y ss.

sólo eso: es, también, el asunto último de la novela"[7]. El que empezó como mozo de ciego, ha llegado a lo que cree la cumbre de su fortuna gracias al favor del arcipreste de San Salvador. La vida le ha enseñado a condescender en muchos puntos, el de la honra el primero (experiencia con el hidalgo); por eso cierra ojos y oídos a lo que sucede en su casa. A pesar de ello, e incluso por eso mismo, se permite terciar en el problema del estado adquirido por la propia "fuerza y maña" y el heredado. Su itinerario biográfico va encaminado a esta demostración anunciada *a priori*. De rechazo logra otro objetivo, reflejar una sociedad corrompida.

Vuestra Merced escribe se le escriba. ¿Bajo qué forma está escrito el Lazarillo? La solución apuntada por Claudio Guillén, y más tarde desarrollada por F. Rico, parece alcanzar una gran aceptación entre un gran sector de la crítica. La obra se presenta bajo una forma epistolar. La convención literaria renacentista no aceptaba que la información descarnada de unos hechos protagonizados por un personaje tan alejado de la buena nobleza encajara en una forma literaria emparentada con la antigua épica, pongamos por caso las Crónicas. Era necesario otro vehículo menos escandaloso y la carta constituía un buen medio. Continuas apelaciones al destinatario esparcidas en el texto recuerdan la forma epistolar: *huelgo de contar a Vuestra Merced..., porque vea Vuestra Merced...* etcétera.

Lázaro hace una confesión íntima explicando lo que había detrás de esas murmuraciones, que no olvidemos son un pretexto, porque de lo que se trata en el fondo es de ese fracasado esfuerzo vital por medrar en medio de una sociedad en crisis. El *Guzmán de Alfarache* capta este tono de confesión personal con la diferencia de que no es confidencial sino pública. Visto desde este ángulo, C. Guillén sugiere la idea de que la redacción del *Lazarillo* es un acto de obediencia que tiene sus precedentes más inmediatos en Diego de San Pedro y santa Teresa de Jesús y, más lejano, en las *Confesiones* de san Agustín.

La misma dificultad, aunque en otro género literario, estaba planteada en *La Celestina*, de Fernando de Rojas. La calificación de *tragicomedia* pretendía salvar un obstáculo en la composición dramática tradicional que diferenciaba la tragedia de la comedia entre otras cosas por la índole

7. F. Rico, *La novela picaresca española y el punt de vista*, pág. 24.

social de los personajes que intervenían, nobles en el primer caso y plebeyos en el segundo (norma plautina). Ahora bien, las nuevas relaciones sociales entre señores y criados al final de la Edad Media y albores del Renacimiento, imponían el contacto de ambos sectores en un tipo de literatura que quería reflejar las tensiones de esta nueva realidad en trance de formación. La Celestina tiene este propósito y establece un diálogo directo entre el mundo de los criados (la vieja alcahueta, Pármeno, Sempronio, Elicia, Areúsa), con el mundo de los enriquecidos burgueses (Calisto, Melibea). Por tanto la forma dialogada, hasta entonces al servicio del drama, es la apropiada para la estructura de un nuevo y todavía incipiente género, nacido en función de una nueva realidad social. Parecidas razones genéticas han servido de base en la construcción del *Lazarillo* como carta autobiográfica.

tratado 1
Cuenta Lázaro su vida y cuyo hijo fue

Sinopsis

Empieza Lázaro su relato dando noticias de quiénes fueron sus padres, Tomé González y Antona Pérez. Había nacido en una aceña junto al río Tormes; de ahí el sobrenombre añadido. Tenía ocho años cuando su padre, que era molinero, fue culpado de robar en los costales de trigo; como castigo fue desterrado y enviado como acemilero de un caballero en una armada organizada contra los moros. Murió en el combate.

La madre, una vez viuda, se fue a vivir a la ciudad y se dedicó a cocinar y lavar la ropa de estudiantes y mozos de caballerizas. Se hizo amiga de un mulato llamado Zaide, que le regalaba provisiones y otros artículos necesarios para la vida. El resultado de dichas relaciones fue un negrito con el que se encariñó Lázaro. El padrastro era tan feo que hasta atemorizaba al pequeñuelo. También le dio a este segundo padre por hurtar en su trabajo de cuidador de bestias, vendiendo la cebada; fue descubierto y recibieron un duro castigo él y la madre. Tuvieron que separarse y la pobre mujer se fue a servir a un mesón. Allí creció Lázaro hasta ser un mozuelo.

Acertó un día a pasar por el lugar un ciego que vivía de limosna por los caminos. Pidió a la madre de Lázaro que le dejara al hijo a su servicio; y así el chiquillo pasó al servicio de su primer amo.

Al cabo de unos días partieron los dos de Salamanca, después de recibir el niño la bendición materna. A la salida de la ciudad vieron un verraco de piedra junto al puente. Mandó al ciego a su criado que aplicara el oído a la piedra y oiría un gran ruido dentro del animal. Así lo hizo el inocentón y recibió a cambio una enorme calabazada que le propinó el ciego. Lázaro tomó aviso de esta burla y se prometió avivar el ojo para el futuro.

Aprendió mucho con este primer amo, hipócrita y buen conocedor de las flaquezas humanas. Lo más sobresaliente de él era su avaricia y mezquindad que hacían padecer hambre al mozo. El ciego extremaba la vigilancia en el escaso alimento que guardaba, de manera que el muchacho se vio obligado para remediar su necesidad, a recurrir al ingenio. Escondía aquél el pan y otras cosas en un fardel de lienzo cerrado con un candado; Lázaro se las arreglaba descosiendo una costura para sacar de él lo que contenía. Asimismo le hurtaba las limosnas cambiándolas rápidamente por una moneda de menos valor, que tenía convenientemente preparada antes de entregársela. Extrañóbase el ciego de que sus ganancias hubieran disminuido.

Cuando comían ponían junto a sí un jarrillo de vino y Lázaro aprovechaba con rapidez los descuidos para echar unos sabrosos tragos. Adivinó el amo la treta y tomó sus precauciones, no soltando un momento el jarro. El criado tenía recursos para todo; con una larga paja de centeno chupaba del vino. El astuto amo empezó también a sospechar y, desde entonces, tapaba el recipiente con la mano. A esta nueva dificultad buscó Lázaro otro remedio; hizo un fino aguero en el fondo del jarro que tapaba con una delgada tortilla de cera, y a la hora de comer, fingiendo tener frío, se acurrucaba entre las piernas de su amo junto al fuego; al derretirse el tapón de cera aprovechaba el líquido que caía. El ciego se daba a todos los diablos, pero pronto descubrió la causa y pocos días después, cuando el beatífico muchacho estaba más descuidado ,y gozoso, dejóle caer el "dulce y amargo" jarro, y le que bró todos los dientes. Después su castigador le lavó las heridas con el mismo vino.

A partir de ese momento, Lázaro decidió tomar venganza esperando que llegara un momento propicio. Por lo pronto, llevaba a su acompañante por los caminos más pedregosos.

Otro caso entre los muchos que vino a sucederle al chiquillo, que le reveló hasta qué punto era astuto su amo, ocurrió en Almorox, un pueblecito toledano. Un vendimiador les había regalado un racimo de uvas. Optó el ciego por que se dieran un banquete con ellas y propuso al criado picarlas de una en una. Comenzaron de esta manera pero, al poco rato, el ciego se dedicó a cogerlas de dos en dos.

> Como vi que él quebraba la postura, no me contenté ir a la par con el, más aún, pasaba adelante: dos a dos y tres a tres y como podía las comía. Acabado el racimo, estuvo un poco con el escobajo en la mano y, meneando la cabeza, dijo:
> –Lázaro, engañado me has. Juraré yo a Dios que has tú comido las rivas tres a tres.
> –No comí –dije yo–; mas, ¿por qué sospecháis eso?
> Respondió el sagacísmo ciego:
> –¿Sabes en qué veo que las comites tres a tres? En que comía yo dos a dos y callabas[8].

En otra ocasión en que estaban en un mesón de Escalona, el amo le dio un pedazo de longaniza para que lo asase. Lázaro hizo el trueque de este embutido por un nabo; lo metió en el asador, mientras él se comía la longaniza aprovechando una escapada a por vino. A su vuelta vio al ciego a punto de probar una rebanada del nabo. Tan pronto tuvo lugar la burla, Lázaro se hizo el inocentón, pero el sagaz ciego lo atrajo hacia sí y metió su nariz "luenga y afilada" en la boca del mozo, No pudo resistir ésta tan "cumplidísima" trompa que casi le ahogaba y tras espantosas bascas, vomitó todo lo que había comido. El ciego tuvo tal enojo que le propinó una tremenda paliza y le dejó todo el cuerpo magullado y hubo de ser curado con unos lavatorios de vino. Cuando el ciego contaba a todo el mundo el suceso, la gente se moría de risa viendo la picardía del muchacho.

[8] F. Rico, *La novela picaresca española*, pág. 21.

Lázaro, entonces, determino vengarse y dejarle definitivamente. Un día habían salido los dos a pedir limosna por la villa. La lluvia caía recia desde hacia muchas horas. Cuando volvían a la posada, tropezaron con el obstáculo de un arroyo que atravesaba el camino. Entonces lázaro le propuso a su amo desviarse un poco para atravesarlo por el lado más angosto. Trazó en ese momento el plan de su venganza, colocando al ciego enfrente de un poste de piedra. El pobre estaba impaciente por la lluvia que le empapaba, así que confió en su criado. Apenas el chico le gritó que saltara el charco cuando se abalanza el pobre ciego como cabrón y de toda su fuerza arremete, tomando un paso atrás de la corrida para hacer mayor salto, y da con la cabeza en el poste, que sonó tan recio como si diera con una gran calabaza, y cayó luego para atrás medio muerto y hendida la cabeza.

–¿Cómo, y olistes la longaniza y no el poste? ¡Olé, olé! –le dije yo.

Y dejéle en poder de mucha gente que lo había ido a socorrer, y tomé la puerta de la villa en los pies de un trote, y antes que la noche viniese di conmigo en Torrijos. No supe más lo que Dios dél hizo, ni curé de lo saber[9].

Comentario

En el nacimiento y genealogía de Lázaro hay un intento expreso por reunir notas de la más baja condición social. Algunas de ellas de raigambre folklórica, pero en un sentido de degradación. En la novela de caballerías más famosa, el Amadís de Gaula, el héroe declara también el lugar de su nacimiento y su ascendencia; por su origen es llamado doncel del mar. En tanto que Lázaro nació al mundo en una aceña del río Tormes. Mi nacimiento fue dentro del río Tormes, por lo cual causa tomé el sobrenombre. Es presumible que haya una intención paródica con respecto a la obra citada que debía de conocer el autor. Asimismo, siguen los demás rasgos dentro de una línea literaria precedente, encaminados a esta morfología innoble. Su padre fue molinero y este oficio era sinónimo de ladrón para muchos narradores italianos y españoles del siglo XV y XVI, según dan muestra Alejo Venegas y Diego Sánchez de Badajoz.

9. F. Rico, *La novela picaresca española*, pág. 27.

Efectivamente, Tomé González, el progenitor de nuestro personaje, *padeció persecución por la justicia* a causa de unas sangrías que hizo a unos costales de trigo; hemos de notar también la ironía en el lenguaje bisémico de la primera expresión: *espero en Dios que está en la gloria, pues el Evangelio los llama* bienaventurados. Sabemos como murió; pocas líneas más adelante refiere la viuda que falleció *por ensalzar* lo fe al luchar contra moros. Estas primeras insinuaciones son suficientes para apreciar el doble sentido que respira el escrito en las anécdotas y comportamientos de sus personajes. Lo más vil procura ser disfrazado de una apariencia religiosa, la fórmula más apta para ensalzar cualquier realidad material.

Otro motivo (es decir, unidad mínima narrativa) de índole folklórica, es la marcha del hogar, en este caso por parte del padre, al cumplir la pena de trabajos forzados. Es una conocida génesis narrativa, puesto que la familia cae en la penuria. Para remediarla, la madre *determino arrimarse a los buenos*, bajo este calificativo se mencionan a unos estudiantes y otros mozos de cuadras, como el hombre moreno con el que termina por amancebarse. Sutil ironía se encubre en la palabra "buenos", pues nos cuesta admitirlos como tales tanto en su significado social como ético. Bajo el mismo punto de vista hemos de enjuiciar el oficio real de pregonero, que alcanza Lázaro al final, muy satisfecho de su fortuna. Dentro del escalafón de servicios dedicados al rey, según observa Marcel Bataillon, éste era el más ínfimo. Las palabras se enriquecen malévolamente con un sentido más elevado, en su contextura eticosocial, pero por esta misma falsa adquisición antitética (o al menos, hiperbólica), se denuncian por sí mismas. Lázaro, en la cima de su vida, procurará también arrimarse a esos *buenos*, cuyo significado ya se nos alcanza.

Otra correspondencia entre el principio y el final se encuentra en el amancebamiento de la madre con el negro Zaide, y el adulterio de la mujer de Lázaro con el señor arcipreste. Esta identidad de motivos presta a la obra, además de la intención ejemplar o sarcástica, según se mire, una perfecta simetría formal que le confiere una unidad orgánica.

La realidad fundamental del niño es cubrir el hambre. Esta preocupación está presente en numerosos relatos anteriores. Válganos como ejemplo, *El Asno de Oro de Apuleyo*. Una exigencia tan primaria es el primer escalón que debe remontar el personaje y en su difícil superación se centran los tres tratados primeros.

> *Mas que vi que con su venida mejoraba el comer, fuile*
> *queriendo bien, porque siempre traía pan, pedazos de*
> *carne...*[10]

Lázaro se siente todavía protegido.

La anécdota del niño que se asusta ante la fealdad de su padre *¡Madre, coco!*, como gritaba el hermanito de Lázaro, es también de raíz popular. El profesor Lázaro Carreter documenta este chascarrillo en López de Villalobos y presume en él una función de correlación, idéntica a la de Lázaro con respecto al ciego, su segundo padre, del que también quiere escapar. Nosotros no acertamos a ver esta correspondencia. Simplemente el autor ha traído a cuento este chiste, escogiendo una figura muy literaria, como es la del negro (se encuentra, por ejemplo, en *La segunda Celestina*), y saca de ella una reflexión entre las pocas que aparecen al principio.

> *Yo, aunque bien muchacho, noté aquella palabra de mi*
> *hermanico, y dije entre mí «¡Cuántos debe de haber en el*
> *mundo que huyen de otros porque no se ven a sí mesmos»*[11]

La enseñanza, por vía de delectación, es el principal objetivo del autor y aunque esté explícita en pocos párrafos, sustenta, sin embargo, a la obra y es necesaria para su comprensión. Este plano didáctico será recogido por la novela picaresca posterior.

El padrastro también es apresado por hurto, pero Lázaro guarda hacia él una compasión humana, claramente puesta en relación con sucesos posteriores, particularmente el del arcipreste.

> *No nos maravillemos de un clérigo ni fraile porque el uno*
> *hurta de los pobres y el otro de casa para sus devotos y*
> *para ayuda de otro tanto, cuando a un pobre esclavo el*
> *amor le animaba a esto* [12].

10. F. Rico, *La novela picaresca española*, págs. 10-11.
11. *Idem*, pág. 11.
12. *Idem*, págs. 11-12.

La estructura interna de la obra y su significación están fijadas en una continua comparación de hechos y personajes. Del plano literario al plano real no hay más que un ligero salto. Es obvio el interés didáctico, herencia medieval, al que por otra parte escapaban muy pocas, de las obras en prosa de aquel tiempo.

Falto de este segundo amparo, Lázaro se ve obligado a partir del hogar, a consecuencia de un trato entre la madre y el ciego. La novela picaresca posterior recoge el origen de esta trayectoria biográfica, pero con la diferencia de que el futuro pícaro –Guzmán y Pablos– marcha de casa por propia voluntad. La salida del héroe es otro motivo de la narrativa popular y culta, como principio de una larga peregrinación en la que se sucederán las aventuras más diversas.

De haber servido Lázaro a un ciego, ha resultado la evolución romántica de lazarillo servidor de ciegos. La pareja mozo-ciego es de gran tradición popular. Valbuena Prat[13] trae una buena documentación respecto a este motivo folklórico. Por su interés copiamos íntegramente la extensa cita.

> En las representaciones religiosas del drama francés era frecuente la dualidad del ciego y el guía. Ya en la *Passion* de Arrás, aparece el motivo del ciego de nacimiento y un bribonzuelo que le acompaña. En la de Semour, Longinos, ciego, es acompañado de una especie de pícaro, Ganimedes. En un *Miracle de Saitite Geneviève* se esboza el motivo episódico de un ciego y su criado Hanequinet. Todas estas obras corresponden al siglo xiv. Más extensión presenta el motivo durante el siglo xv. En el *Mystère de la Resurrection*, de 1456, un *cecus*, acompañado de Saudre, va al sepulcro de Jesús, esperando recobrar la vista. El miedo del muchacho ante los guardias de la tumba del Señor es característico de este tipo entre picaresco y paródico. El diálogo está ya bastante desarrollado. Hay otros casos de escena del ciego y su criado en el siglo xv. Merece recordarse la del ciego de Jerusalén, acompañado de Gobin, frecuentador de tabernas, en el *Mystére des Actes des Apôtres*. Tal abundancia de motivos

13. A. Valbuena Prat "Estudio preliminar", en *La novela picaresca española*, págs. 35-36.

episódicos en dramas sacros ha hecho pensar que la famosa farsa *Le garçon et l'aveugle*, de Tournai, es una escena desgajada de una representación evangélica.

También hay precedentes en la literatura castellana. En la Farsa del molinero de Sánchez de Badajoz aparecen "un ciego y su muchacho que lo adiestra". Estalla una pelea entre ellos porque el mozo no había advertido a su amo de la proximidad de un fraile competidor en la mendicidad. El niño huye de los palos hasta que el ciego acaba llamándolo en son de paz[14].

El conjunto de unidades anecdóticas que componen esta primera servidumbre de Lázaro son cinco: 1) La calabazada contra el toro a la salida de Salamanca. 2) La treta del jarrillo de vino. 3) La comida de las uvas. 4) El engaño de la longaniza. 5) La calabazada del ciego contra el poste.

Todas ellas adquieren una función dentro de la totalidad de la obra, al justificar el *caso*, palabra clave, según vimos en el Prólogo. Sobre esta función primaria insistiremos repetidas veces a lo largo de nuestro trabajo. En este sentido, apuntamos ya algunas correspondencias que enlazan el principio y final de la novela. Hay que añadir otra más, Tanto F. Rico como Lázaro Carreter, observan, por ejemplo, la correlación entre la afición del pícaro al vino junto al descalabro que ello le produce, y su situación final como pregonero de vinos. Esta misma antítesis se da no sólo al nivel de estas unidades mayores, sino dentro de una de ellas. Cuando el muchacho sufre el golpe del jarro en plena cara, el ciego le cura las heridas con ese mismo vino y le dice: *¿Qué te parece Lázaro? Lo que te enfermó te sana y da salud.* Empezamos a vislumbrar, pues, que la misma composición forma parte de lo más minúsculo hasta lo más complejo, a modo de una serie de círculos concéntricos que aumentan progresivamente de tamaño. El autor tenía bien presente estas correlaciones simétricas, según se deduce de la siguiente declaración del ciego:

14. A. Valbuena Prat "Estudio preliminar", en *La novela picaresca española*, págs. 35-36.

—Yo te digo —dijo— que si hombre en el mundo ha, de ser
bienaventurado con vino, que serás tú. Y reían mucho los
que me lavaban, con esto, aunque yo renegaba. Mas el
pronóstico del ciego no salió mentiroso y después acá
muchas veces me acuerdo de aquel hombre, que sin duda
debía tener espíritu de profecía[15].

Esta correlación de motivos, encaminados a la justificación del caso
presente por el que pregunta el Vuestra Merced, compone una unidad
orgánica. Tal tipo de construcción narrativa fue vista felizmente por el
interpolador en la anécdota de los cuernos que colgaban a la puerta de
un mesón. A la vista d ellos, el ciego soltó la profecía que había de
cumplirse al final.

La correlación se da también a niveles menores, de lo que se deduce
el uso de una técnica fija que actúa en todas las escalas. Para mostrarlo
vamos a ceñirnos estrictamente a las experiencias de Lázaro con el ciego.
El primero y último episodio se complementan. La calabazada la recibe
primero el criado y luego el amo(1-5). El segundo y cuarto están
relacionados por el vino, bálsamo dulce y amargo que cura las heridas
del chiquillo (2-4). Entre el cuarto y el quinto el de la longaniza y la
calabazada contra el poste, existe igualmente la conexión expresada en
el siguiente comentario que Lázaro dirige a su amo: *¿Como, y olistes la*
longaniza y no el poste?, lo cual parece indicar que el primero de los dos
episodios sirve de introducción al segundo, que culmina en esa frase
chistosa (4-5). El chascarrillo no es original y aparece documentado en
Dichos graciosos españoles (1540), donde se lee esta burla: "Oliérades
vos esa esquina como olistes el torrezno."

Así pues, el único episodio que queda suelto es el tercero, del racimo
de uvas. F. Rico lo encuentra desarticulado de los otros y la explicación
que aporta para que conserve su funcionalidad orgánica es que resulta
un ejemplo entre tantos que justifica el caso. Sin embargo, a nuestro
modo de ver, no está desconectado de la serie, si partimos de este otro
esquema: BURLADOR-BURLADO.

15. F. Rico, *La novela picaresca española*, pág. 25.

1. *a)* El ciego burla a Lázaro con el toro de piedra.
   b) Lázaro burla al ciego con el hurto de los alimentos del fardel y el de las limosnas.
2. *a)* El amo obtiene una segunda victoria sobre el criado, con el correspondiente descalabro, al descubrir la treta del jarro de vino.
   b) Lázaro obtiene a su vez otra victoria al ganar la carrera de las uvas.
3. *a)* El ciego hace padecer por tercera vez al muchacho después de descubrir el engaño de la longaniza.
   b) Lázaro alcanza su tercera victoria, esta vez definitiva, lo que muestra haber llegado al término de su aprendizaje, pues es culpable del brutal golpe que recibe su amo contra el poste.

Finalmente, en el centro de este proceso, al final del apartado 2 a) aparece la siguiente reflexión del narrador: *Desde aquella hora quise mal al ciego.* A partir de este momento empieza la segunda fase, si es que este ciclo de seis motivos lo reducimos a dos: 1 a); 1 b); 2 a), 2 b); 3 a); 3 b). En resumen, desde esta otra clasificación en seis apartados, se puede apreciar el perfecto encadenamiento de unos con otros, dispuestos alternadamente:

1. Burlador ciego / burlado Lázaro.
   Burlador Lázaro / burlado ciego.
2. Burlador ciego / burlado Lázaro.
   Burlador Lázaro / burlado ciego.
3. Burlador ciego / burlado Lázaro.
   Burlador Lázaro / burlado ciego.

Los extremos de este proceso son inversos:

A. BURLADOR (ciego) ⟶ BURLADO (Lázaro).
B. BURLADOR (Lázaro) ⟶ BURLADO (ciego).

Con   razón, el discípulo puede confesar otra antítesis más en esta perpetua clave dialéctica que mantiene el libro: *siendo ciego me alumbro.*

Pasemos a un tercer nivel inferior y encontraremos idénticas estructuras, aplicando los esquemas narrativos que propone Cl. Brémond (*Le message narratif*, "Communications" 4, Ed. du, Seuil París). Genial definición la de F. Rico al calificar esta obra como una caja chica que descubre interminablemente un sistema binario. Escojamos el cuentecillo del jarrillo de vino[16]. Su forma discursiva se compone de las siguientes fases:

1.ª   *a)*   Lázaro bebe a hurtadillas, *más duróme poco.*
    b)   El ciego astuto lo obstaculiza.

Que en los tragos conocía la falta, y, por observar su vino a salvo nunca después desamparaba el jarro, antes lo tenía por el asa asido.

2.ª   *a)*   Lázaro emplea un nuevo recurso: la paja de centeno.
    b)   El ciego vuelve a obstaculizarlo.

Mas, como fuese el traidor tan astuto, pienso que me sintió, y denda en adelante mudó propósito y asentaba su jarro entre las piernas y atapábale con la mano.

3.ª   *a)*   Lázaro encuentra otro remedio: hacerle una fuente cilla y agujero sotil.
    b)   Por fin el ciego cayó en la burla. Ahora ya no opone un obstáculo sino que prepara la venganza final, con la que concluye el episodio.

En fin, creemos haber mostrado con claridad este procedimiento narrativo, que es uno de los grandes valores de esta obra maestra. Su autor, esmerado artífice, trabaja esa perfecta trabazón al encadenar los materiales de manera progresiva. Se puede observar hasta en las simples expresiones, como la siguiente: *¡Oh gran Dios, quién estuviera a aquella hora sepultado, que muerto ya lo estaba!* Resulta obvio destacar la progresión semántica entre *muerto* y *sepultado.*

---

16. F. Rico, *La Novela picaresca española*, págs. 17-19.

En compañía del ciego, Lázaro se ha zambullido en el mundo y las primeras impresiones que recibe son amargas. La hostilidad del medio ambiente se resume en su amo del que va aprendiendo su misma astucia. Esta concepción de la burla a la que hay que responder con otra mayor revela el doloroso pesimismo del autor. Por eso, Lázaro, barro inocente, va adquiriendo la figura de pícaro. El primer padecimiento que sufre le empuja hacia esta dirección. Después de la calabazada, medita.

> *Paresció me que en aquel instante desperté de la simpleza,*
> *en que, como niño, dormido estaba.*
> *Dije, entre mi: Verdad dice éste, que me cumple avivar el*
> *ojo y avisar, pues solo soy, y pensar cómo me sepa valer[17].*

La filosofía de la vida es bien sarcástica. Este primer acto de reflexión es un factor genético decisivo. Por eso las novelas picarescas posteriores lo recogen en parecidas circunstancias. Guzmán de Alfarache se ha escapado por propia voluntad de su casa. Pronto se le termina el dinero y entonces siente los zarpazos del hambre.

> *En aquel punto me pareció haber sentido una nueva luz,*
> *que como en claro espejo me representó lo pasado,*
> *presente y venidero. llasta hoy, había sido bozal (...) Tenía*
> *mucho que desbastar y el primero golpe de azuela fue el*
> *desde trabajo[18].*

Pablos, el personaje del Buscón de Quevedo, igualmente tiene conciencia de la realidad hostil. Cuando llega a Alcalá es objeto de la primera burla por parte de unos estudiantes. Su amigo don Diego, al igual que el ciego con Lázaro le da el prudente aviso:

> *Pablo, abre el ojo, que asan carne. Mira por ti, que aquí no tienes*
> *otro padre ni madre[19].*

7. F. Rico, *La Novela picaresca española*, pág. 13.
8. F. Rico, *La Novela picaresca española*, pág. 248.
9. F. Lázaro Carreter, *La vida del buscón llamado Don Pablos*, en "Acta Salmaticensis", pág. 67, Salamanca, 1965.

Efectivamente, Pablos, corrido y avergonzado, se hace el si guiente propósito: *Avisón, Pablas, alerta. Propuse de hacer nueva vida.* Ha llegado un momento decisivo para estas tres criaturas cuando despiertan brutalmente ante su entorno y la visión recibida no puede ser más negra. Optan desde ese instante por la senda del pícaro, es decir, la de la astucia, engaño, burla, hipocresía. Sucesivas experiencias les cogerán más o menos desprevenidos pero la dirección ha sido ya trazada. Sin embargo, en la misma entraña heredada del pícaro se encuentra determinada una predisposición. Recordemos todos los caracteres y circunstancias que se reúnen en el nacimiento y la infancia de Lázaro. La tesis capital estribará en el proceso lógico de este curso vital hasta su meta presente, cerrándose el ciclo. Y si precisamente el relato es circular, cerrado, es debido al determinismo que identifica los dos extremos, inicial y final. Ahora bien, tal tendencia no viene dada por la naturaleza sino por unas causas sociales que delimitan el camino de estos seres desde su aparición en el mundo. La denuncia de los escritores apunta directamente al centro de la realidad histórica. Esto tiene un gran valor. Por lo demás, las soluciones que ofrezcan, por ejemplo de vía espiritual en el *Guzmán*, en la *Segunda parte del Lazarillo de Tormes de Juan de Luna y en la Vida del escudero Marcos de Obregón*, de Vicente Espinel, ya es una cuestión simplemente histórica.

En cuanto a la figura del ciego, acabamos de indicar su significado narrativo, lázaro, con un agudo sentido de la observación, describe con detalle a este primer amo. Todos sus rasgos forman parte de la tradición literaria. Un destacado punto de referencia anterior es, por ejemplo, *La Celestina,* obra que nos parece tuvo muy en cuenta el autor. Así, su devoción en la iglesia con el rostro humilde, los pronósticos, consejos y medicina para casadas y solteras, etc. Consúltese la descripción que de la alcahueta hace Pármeno[20]. A título de muestra recogemos el siguiente pasaje:

> *Hacíase física de niños, tomaua estambra de unas casas,*
> *dáualo a filar en otras, por achaque de entrar en todas.*

20. F. de Rojas, *La Celestina* , págs. 70-86, Col. "Clásicos castellanos" 9.ª ed., Madrid 1968.

Las unas: ¡madre acá!; las otras allá: ¡madre acullá!;
¡cata la vieja!; ¡ya viene el ama!; de todos muy conocida.
Con todos estos afanes, nunca passaua sin missa ni
bísperas ni dexaua monesterios de frayles ni de monjas.
Esto porque allí fazía ella sus aleluyas e conciertos. E en
su casa fazía perfumes, falsaua estoranques, menjuy,
animes, ámbar, algalia, pouillos, almizcles, mosquetes.

ratado II

ómo Lazáro se asento con un clérigo, y de las cosas que con él pasó.

Sinopsis

Después del suceso del poste, Lázaro se trasladó a Maqueda. Allí
ntró al servicio de un clérigo muy avaricioso. Tenía éste en su casa u
rcaz viejo y cerrado con llave donde guardaba unos bodigos de pan.
uera de esto no había otro alimento a la vista, salvo unas cebollas de
as que recibía el mozuelo una ración cada cuatro días; con tan escasa
nanutención se moría de hambre. Si caía los sábados algo de carne en
a despensa, le tocaban los huesos roídos, desechados por su amo. Este,
pesar de todo, se ufanaba de esplindez.

Al cabo de tres semanas que estuve con él –cuenta Lázaro–
vine a tanta flaqueza, que no podía tener en las piernas
de pura hambre[21].

Peor vida llevaba que con el ciego, pues la aguda vista del clérigo
mpedía que le hurtasen. Por ejemplo, contaba todas las limosnas que
aían en la bandeja durante la misa. Ni siquiera gastaba una blanca
moneda de escaso valor) en vino, y tal mezquindad la cubría con ropaje
e templanza. Pero era pura hipocresía pues en los mortuorios se desataba

---

1. F. Rico, *La novela picaresca española*, pág. 30.

su apetito, siendo las únicas ocasiones en que amo y criado se hartaban. Hasta tal punto sufría el pobrecillo Lázaro que rezaba por que murieran los enfermos a los que asistían.

Un día que se encontraba el clérigo fuera de casa, acertó a llamar a la puerta un calderero que ofrecía sus servicios. A Lázaro, entonces, se le ocurrió la feliz idea de que le fabricara una llave para el arcaz. Aquel día no tomó ningún bodigo con el fin de no despertar sospechas. Pero al siguiente se animó a comer un pan y al otro día lo mismo. Poco duraron estas satisfacciones pues el amo notó inmediatamente la falta. El afligido muchacho no tuvo más remedio, cuando el clérigo marchó, que arrancar unas migajas de un trozo ya partido, pero como estaba habituado a sus raciones, no soportaba este lamentable contratiempo. Pronto descubrió una nueva treta, desmigajando ligeramente de todos los bodigos, para que las culpas recayeran en los ratones. La estratagema dio feliz resultado, mas por poco tiempo, pues el clérigo buscó defenderse de la ratonería, clavando y cerrando todos los agujeros del arcón.

Quedó muy triste Lázaro no sabiendo qué hacer y, a la siguiente ausencia del amo, abrió la despensa: *todavía saqué alguna lacería tocándolos muy ligeraniente, a uso de esgrimidor diestro.* Pero el remedio era poco satisfactorio de modo que pasaba el día buscando mejor solución. Finalmente, una noche, muy sigilosamente, decidió acometer su tesoro con un cuchillo consiguiendo hacerle un buen agujero, a través del cual pudo sacar algún provecho.

Volvió el clérigo a su primer remedio de los clavos y las tablillas y Lázaro a deshacer este trabajo de carpintería, de modo que *cuantos* [agujeros] *él tapaba de día destapaba yo de noche.*

> *En tal manera fúe y tal priesa nos dimos, que sin dubdo por esto se debió decir: «Donde una puerta se cierra, otra se abre». Finalmente, parescíamos tener a destajo la tela de Penélope, pues cuanto él tejía de día, rampia yo da noche. Ca en pocos días y noches pusimos la pobre despensa de tal forma, que quien quisiera propiamente della hablar, más «corozas viejas do otro tiempo» que*

Cuando vio el clérigo que su remedio no le aprovechaba, buscó prestada una ratonera y en ella ponía cortezas de queso de las que Lázaro daba buena cuenta, sin olvidar los bodigos. El otro se entregaba a todos los diablos y preguntaba a los vecinos cómo se podría cazar a un ratón tan listo. En vista de los estragos, un vecino sugirió que el voraz animal debía de ser una culebra y por eso escapaba con tanta facilidad. A partir de ese momento, el avaro estaba desvelado todas las noches, atento el oído a cualquier ruido. Se acercaba también a Lázaro y le revolvía las pajas donde dormía, pues era creencia que estos reptiles buscaban el calor de los niños. El pícaro no osaba menearse, mas por las mañanas, solo en la casa, volvía a sus faenas roedoras.

Temeroso, por otra parte, que le descubriese la llave, optó por guardarla por las noches en la boca. Esta medida fue su perdición pues una noche, mientras dormía, debido a la posición de la llave, salían unos silbidos de su boca que el clérigo pensó provenían de la culebra. Levantóse muy quedamente con un garrote en la mano y acercándose al sonido, descargó un gran golpe sobre el muchacho. Al tentar su cuerpo, asustado por la sangre que corría, descubrió la llave y al punto adivinó la burla.

Tres días estuvo Lázaro sin sentido y cuando tomó en sí descubrió por las palabras de su amo que había sido descubierta la treta. Todos los vecinos reían el ingenioso suceso. Tardó en curar quince días y cuando se hubo recuperado.

el señor mi amo tomó por la mano y sacóme la puerta
fuera, y, puesta en la calle, dijome:
—Lázaro: de hoy más eres tuyo y no mío. Busca amo y
vete con Dios. Que yo no quiero en mi compañía tan
diligente servidor. No es posible sino que hayas sido mozo

---

22. F. Rico, *La novela picaresca española*, pág. 37.

*de ciego. Y santiguándose de mi, como si yo estuviera
endemoniado, tórnase a meter en casa y cierra su puerta*[23].

Comentario

Conviene destacar dos aspectos, estudiados también en el apartado
anterior: el de la base folklórica y el de la gradación. Ambos dan la
medida del quehacer literario del autor.

El material tradicional recogido ha sido destacado por Lázaro
Carreter[24] y es el siguiente:

a)   La llave del arcón, como símbolo de ruindad, que
         caracteriza   al clérigo avaricioso.

b)   La preocupación del amo de Lázaro por el dinero mientras
         celebra la misa.

*Cuando al ofertorio estábamos, ninguna blanca en la
concha caía que no era del registrada: el un ojo tenía en
la gente y el otro en mis manos. Bailábanle los ojos en
el caxco como si fueran de azogue; cuantas blancas
ofrecían tenía por cuenta, y acabado el ofrecer, luego me
quitaba la concheta y la ponía sobre el altar*[25].

c)   Los ayunos obligatorios que padecen amo y criado,
         sobradamente compensados con los velatorios.

*Y por ocultar su gran mezquindad decíame:
—Mira mozo, los sacerdotes han de ser muy templados
en su comer y beber, y por esto yo no me desmando como
otros. Mas el lacerado mentía falsamente, porque en
cofradías y mortuorios que rezamos, a costa ajena comía
como lobo y bebía más que un saludador*[26].

23. F. Rico, *La novela picaresca española*, pág. 41.
24. F. Lázaro Carreter, Construcción y sentido del "L. de T." págs. 89-90.
25. F. Rico, *La novela picaresca española*, pág. 30.
26. *Idem.*, pág. 30.

Esta costumbre es denunciada por Erasmo. López de Yanguas trae los siguientes versos:

> *en los pueblos do residen*
> *huélganse que los combiden*

d) También es tópico, analizado por M.ª Rosa Lida, la creencia vulgar de que las culebras se refugien junto a los niños. Este motivo está engranado en el relato, pues por culpa de esta sospecha, Lázaro recibirá su castigo.

e) Otro hecho muy difundido en cualquier clase de historietas es el dar un garrotazo ciego bajo la sospecha de que se trata de un animal.

f) En los cuentos populares aparece inesperadamente una persona que acude en socorro del héroe en situación apurada. Propp menciona la figura del herrero. En el caso de Lázaro, el benefactor providencial que acude a remediar su aflicción es el calderero.

Podemos concluir una vez más que en cuanto a la materia narrativa, el anónimo autor no ha tenido ningún inconveniente en recogerla de una traducción. Es más, nos atreveríamos a añadir que opera deliberadamente con estos significados comunes, con el único propósito del bien narrar hasta un clímax anecdótico. Para llevarlo a cabo de manera tan magistral, nuestro autor se sirve de la gradación. En el primer tratado ya hemos visto bajo qué formas se presenta ésta. Este segundo está en la misma línea.

En primer lugar, se establece un enlace entre ambos capítulos, en un sentido progresivo. "Escapé del trueno y di en el relámpago", es el símil que utiliza Lázaro para indicar el paso de un amo a otro. A partir de este momento, el narrador se esfuerza por demostrar que los padecimientos con el clérigo son superiores y para ello prescinde de algunas "ventajas" anteriores, por lo que los materiales se reducen al mínimo. Las supresiones son, por lo demás, deliberadas.

a) Si el ciego carecía de vista, el clérigo poseía este sentido agudamente desarrollado.

Y aunque algo hubiera, no podía cegalle, como hacía al que Dio
perdone, si de aquella calabazada feneció, que todavía, aunque astuto
con faltalle aquel preciado sentido, no me sentía; mas estotro, ninguno
hay que tan aguda vista tuviese como él tenía[27].

b)   Falta de recursos, como la paja o la longaniza a su alcance

Para usar de mis mañas no tenía aparejo, por no tener en
qué dalle salto[28].

c)   Al ciego le robaba siquiera media blanca, con éste ni eso

No era yo señor de asirle una blanca todo el tiempo que
con él veíl o, por mejor decir, morí[29].

d)   Tampoco pudo disfrutar de un trago de vino, aunque fuera
        a hurtadillas.

De la taberna nunca le traje una blanca de vino[30].

Todas estas indicaciones vienen a ser como una introducción
descriptiva sobre este personaje, al que califica Lázaro como más ruin
que el ciego. Ha acumulado en él más rasgos negativos que en el primer
amo, para llevar a cabo su propósito de una gradación descendente en
mayor número de sufrimientos, o ascendente en obstáculos más difíciles.
Es la segunda fase de un proceso ternario que culminará con la
servidumbre al hidalgo. Dada esta intención, estrictamente formal, el
significado antirreligioso, si es que lo hay, pasa a un segundo plano. El
autor ha recogido otro motivo folklórico en las disputas alimenticias de
la pareja clérigo-criado, presente, por ejemplo, en El C:otalón y en una
comedia de Jaime de Güete.

---

28. F. Rico, *La novela picaresca española,* pág. 30.
29. *Idem.*
30. *Idem.*

El escritor sólo quiere manifestar que Lázaro va de mal en peor y este desgraciado curso vital es tema de chiste y pasatiempo. El servicio a un clérigo ofrecía ricas posibilidades. Se hubiera conseguido el mismo resultado con cualquier otro amo, apto para estos propósitos humorísticos. No debe tomarse, sin embargo, esta afirmacion en un sentido absoluto, ya que además de esta preocupación narrativa, el *Lazarillo* se adapta a una base histórica compuesta de dos factores, el social y el religioso.

Así pues, la presentación del clérigo, como lo fue la del ciego, es una manera de facilitar la comprensión, no tanto del personaje como de las anécdotas que le siguen. Al concluir la epopeya, Lázaro recuerda la función progresiva que asumen sus amos.

> *Pensé muchas veces irme de aquel mezquino amo; mas por dos cosas lo dejaba: la primera, por no me atrever a mis piernas, por tener de la flaqueza que de pura hambre me venia; y la otra, consideraba y decía: «Yo he tenido dos amos: el primero traíame muerto de hambre, y dejándole, topé con estotro, que me tiene ya con ella en la sepultura: pues si deste desisto y doy en otro más bajo, ¿qué sorá sino fenescer?*[31].

La concentración en el segundo tratado es superior a la del primero debido a otra renuncia importante, la del pluralismo anecdótico. Con el ciego enumeramos seis anécdotas; con el clérigo una sólo, la del arca, y de una extensión poco menor a la suma total de las otras. La constricción a que se somete el autor da óptimos resultados.

Dentro, de este mismo núcleo del tratado existe una gradación que forma parte de su íntima estructura y de la misma contextura que la de la serie episódica del tratado primero o que la de los componentes de la anécdota del jarro del vino; es decir, una combinación de esquemas ternarios y binarios.

1.   a)   Primer obstáculo que se le presenta a Lázaro: el arcaz de los bodigos cerrado a cal y canto con llave.

---

31. F. Rico, *La novela picaresca española*, pág. 31-32.

El tenía un arcaz viejo y cerrado con su llave, la cual traía
atada con un agujeta del paletoqtue. Y en viniendo el
bodigo de la iglesia, por su mano era luego allí lanzado
y tornado a cerrar el arca[32].

b) Eliminación del obstáculo: llegada del calderero, gracias al cual consigue una llave. El resultado es que:

Y otro día, en saliendo de casa, abro mi paraíso panal y
tomo entre las manos y dientes un bodigo, y en dos credos
le hice invisible, no se me olvidando el arca abierta. Y así
estuve con ello aquel día y otro gozoso[33].

2. a) Segundo obstáculo: el clérigo se percata de la disminución de panes y decide contarlos a partir de entonces.

Parecióme con lo que dijo pasarme el corazón con saeta
de montero y comenzómne el estómago a escarbar de
hambre, viéndose puesto en la dieta pasada[34].

b) Eliminación del obstáculo. Mas el mesmo Dios que socorre a los afligidos, viéndome en tal estrecho, trajoa mi memoria un pequeño remedio. Consiste en desmigajar el pan y aprovechar algunos trocitos para que cargasen con la culpa los ratones. De esta treta salió muy beneficiado, puesto que Lázaro pudo además comer aquella parte "ratonada" del bodigo que no se atrevió a probar su amo.

3. a) Tercer obstáculo.

Y luego me vino otro sobresalto, que fue verle andar
solícito quitando clavos de las paredes y buscando

32. F. Rico, *La novela picaresca española*, pág. 28.
33. *Idem.*, pág. 33.
34. F. Rico, *La novela picaresca española*, pág. 34.

tablillas, con las cuales clavó y cerró los agujeros de la vieja arca[35].

b)   Eliminación del obstáculo. Lázaro vuelve a sumirse en el dolor de la desgracia, pero pronto encontró remedio a sus lamentaciones. Aquella noche abrió un agujero en el area con un cuchillo y pudo probar un poco del pan.

Aquí termina propiamente la primera parte de la construcción anecdótica, pues desde ese momento hasta dar paso al tema de la culebra, la progresión se precipita vertiginosamente hacia un climax graciosísimo, que refleja con toda precisión esa dialéctica picaresca entre amo y criado. Resulta que el clérigo vuelve a la mañana siguiente a tapar el agujero y por la noche, de nuevo, Lázaro lo destapa. El forcejeo se repite sin ceder ninguna de las dos partes.

> *En tal manera fue y tal priesa nos dimos, que sin dubda por eso de debió decir: «Donde una puerta se cierra, otra se abre». Finalmente, parescíamos tener a destajo la tela de Penelope que cuanto él tejía de día, rompía yo de noche. Ca en pocos días y noches pusimos la pobre despensa de tal forma que quien quisiera propiamente della hablar más corazas viejas de otro tiempo que no arcaz la llamara, según la clavazón y tachuelas sobre sí tenía[36].*

El circulo vicioso termina por romperse y dar paso a una segunda parte en la anécdota, donde ya no hay unas fases graduales, claramente diferenciadas, sino todo un proceso que sigue una ascensión continua, en la que dos obstáculos creados por el avaro, la ratonera y vigilancia nocturna, son fácilmente superados por el muchacho. Si en la primera parte quien dominaba la situación, es decir, el estímulo narrativo, era el clérigo: en ésta ocurre a la inversa. El clérigo actúa impotente ante la fecunda estratagema del ladronzuelo. La casualidad da fin a esta infructuosa lucha y gracias al silbido de la llave descubre todo el engaño.

35. F. Rico, *La novela picaresca española*, pág. 35.
36. *Idem.*, pág. 37.

Si hacemos la comparación con el primer tratado, servidumbre de ciego, observamos que además de mantener la misma estructura narrativa el eje semántico esta limitado igualmente por los extremos burlador-burlado. El clérigo resume también la experiencia vital y social del pícaro y se le presenta como entorno hostil al que hay que vencer a través del engaño. Sin embargo, en el desenlace se aprecian dos notas que diferencian a ambos tratados. 1.ª) El ciego toma la iniciativa en la primera burla, mientras que Lázaro es quien engaña por primera vez al clérigo cuando recurre a la llave milagrosa. Por el contrario, Lázaro queda definitivamente victorioso del ciego y fracasa ante el clérigo. 2.) Si, después de la venganza, Lázaro abandona al ciego, en la siguiente ocasión es despedido por el clérigo.

Podemos llegar a la conclusión de que el autor ha tenido la clara intención de conectar todas las incidencias de su historia en una arquitectura compacta y progresiva. Es un paso decisivo en la historia de la novela, pues todas las composiciones biográficas estaban formadas por una sarta de episodios desconectados entre sí.

tratado III

De cómo Lázaro se asentó con un escudero y de lo que le aconteció con él

Sinopsis

Marchó Lázaro a Toledo, donde vivía de la caridad de las Gentes. Un día topó con un escudero que iba por la calle, con razonable vestido, bien peinado, su paso y compás en orden. Le preguntó éste si buscaba amo y como le respondiera que sí le propuso que entrara a su servicio. Era de mañana y entretuvieron las horas paseando por las plazas y asistiendo luego a misa. Llegado el mediodía, penetraron en una casa que tenía la entrada oscura y lóbrega. Después de acomodarse en un poyo, el escudero le preguntó por su vida pasada y con la charla se entretuvieron largo rato. Nada de lo que podía observar el muchacho daba indicios de que hubiera comida y sus sospechas se confirmaron cuando el nuevo amo le indicó que ya había almorzado. Cayósele al criado el alma a los pies al representársele una vez más sus acostumbradas fatigas. Sin embargo supo disimular el hambre y retiróse junto la puerta para despachar unos pedazos de pan que llevaba consigo.

Vio el escudero su ocupación y bajo pretexto de probar el sabor empezó a dar unos fieros bocados al humilde manjar.

> *Y como le sentí de qué pie coxqueaba, dime priesa. Porque*
> *le vi en disposición, si acababa antes que yo, se comediría*
> *a ayudarme a lo que me quedase. Y con esto acabamos*
> *casi a una*[37].

Seguidamente el escudero ofreció a Lázaro lo único que tenía agua de un jarro con la que saciaron su sed. El resto del tiempo hasta la noche, lo pasaron en animada charla. Cuando llegó la hora de dormir pasaron a otra cámara donde había unn cañizo sobre unos,bancos y encima un negro colchón. Se acostaron sobre tan duro lecho con el estómago vacío, pues no habla de qué cenar. Con tantos contratiempos no pudo el mozuelo dormir en toda la noche, y maldecía una y mil veces su ruin fortuna.

A la mañana siguiente, empezó a vestirse su amo con mucha ceremonia y, al ceñirse la espada, se la mostró al criado encareciendo su filo. Cuando terminó de arreglarse, salió de casa con aire muy ufano y presumido, no sin dejar antes a Lázaro el encargo de que cerrara la puerta con llave si iba a por agua al río.

Una vez se quedó solo, pudo el mozo reflexionar sobre la mala situación en que se encontraba, y cuantos disimulos usaban muchos gentiles hombres por aparentar una honra.

Luego se dispuso a limpiar la casa, cosa que hizo en un santiamén y marchó al río. En una huerta vio a su amo requebrando a dos mujeres de costumbres ligeras. Eran de las que acostumbraban remozarse en tales parajes con el fin de obtener alguna invitación de almuerzo. Tan pronto percibieron la penuria del amo y que nada podían obtener de él, lo dejaron.

Volvió Lázaro a la casa y allí esperó al escudero hasta la hora del mediodía, pero en vista de que no llegaba, tuvo que remediar el hambre

---

37. F. Rico, *La novela picaresca española*, pág. 46.

por sus propios medios y se echó a las calles para pedir limosna. En su convivencia con el ciego, aprendió a manejar estas artes y pronto obtuvo unos panes y un pedazo de uña de vaca con unas pocas tripas cocidas.

Al regresar a casa se encontró en ella a su amo, que se paseaba tranquilamente por el patio. A las preguntas de éste le informó de lo que había hecho. Quedó el escudero complacido con la conducta del criado y no pudo reprimir unas quejas contra la desdichada suerte que le aquejaba desde que fue a vivir a dicha mansión. Luego, Lázaro se sentó junto al poyo y empezó a dar buena cuenta de la cena. Notaba que al pobre señor se le iban los ojos tras los alimentos y su animo generoso se llenó de compasión por él. En esto se le acercó el hambriento gentilhombre, elogió el buen semblante con que comía, hasta el punto de que le entraban también a él ganas de probar el manjar. Adivinaba el muchacho el encubierto propósito de estos rodeos, de modo que, se adelantó a convidarle. No desperdició el otro la ocasión, terminaron de comer lo que quedaba en muy amigable compañía y se fueron contentos a dormir.

Vivieron en esta situación ocho o diez días, sacaba siempre el criado del aprieto a su señor. Sin embargo, a pesar de haber llegado Lázaro al extremo más desastroso de su existencia, le nació un gran cariño hacia él.

> *Con todo, le quería bien, con ver que no tenía ni podía más y antes le liobía lástima que enemistad. Y muchas veces, por llevar a la posada con que él lo pasase, yo lo pasaba mal. El único defecto que no llegaba a perdonarle era su presunción.*

Estos remedios limosneros duraron poco tiempo porque por entonces sacó un pregón el Ayuntamiento ordenando a todos los mendigos que abandonaran la ciudad. Amo y criado pasaron unos días de extrema penuria, especialmente el escudero que no probaba el más pequeño bocado y sin embargo, no cesaba en su puntillo de honra.

Un día se presentó muy alborozado ante Lázaro con un real en la mano. Rápidamente ordenó al criado que fuera a la plaza a por pan vino y carne, para preparar el banquete. Alegre y contento marchó el muchacho a la calle dando gracias a Dios. En el camino se encontró con un entierro y oyó las lastimeras voces de la víuda que gritaba: *Marido y señor mío,* adónde os me llevan? ¡A la casa triste y desdichahda a la casa lóbrega oscura, a la casa donde nunca comen ni beben! Interpretó mal estas uejas el inocente chiquillo, pensando que llevaban al muerto a su casa regresó a todo correr. Cuando llegó jumo a su amo, éste le preguntó la azón de su sobresalto. Después que se la hubo contado, se rió tanto que stuvo largo rato sin poder hablar. Cerró la puerta para que el aterrorizado Lázaro se calmara hasta que el sepelio pasó por delante de la casa. Por in pudieron comer, mas Lázaro no lo hizo con todo el gusto que hubiera leseado.

Tenía éste indicios de que su señor no era de la tierra y deseaba conocer os motivos de su estancia. Un día que habían comido razonablemente, e contó el escudero su vida pasada. Provenía de Castilla la Vieja y había dejado su lugar por no querer quitarse el bonete ante un caballero vecino. Como Lázaro le replicara que no veía humillación alguna, en saludar primero, su amo le expuso toda su concepción de la honra. Ni siquiera soportaba que le dijeran, *manténgaos* Dios, como a cualquier persona de poca calidad. A él debían saludarle con un *beso las manos de Vuestra Merced*, o por lo menos, *bésoos, señor, las manos*. Continúa su historia refiriéndole que poseía en su tierra vallisoletana un solar de casas y un palomar derribado, propiedades sobre las que tenía fabricadas vanas ilusiones. Sin embargo, desde que había llegado a la ciudad no había encontrado acomodo aceptable a su dignidad. Sería dichoso si pudiera sentar plaza de escudero con un señor de título, pues sabía perfectamente todas las reglas de su oficio encaminadas a comentarlo. Lázaro le escuchaba atentamente, pudiendo jusipreciar todos los sinsabores que reportaba la negra honra.

Mantenían esta conversación cuando entraron en la casa un hombre y una vieja para pedirles el alquiler de la casa y de la cama. El escudero se excuso, saliendo un momento a la calle para cambiar moneda, pero ya no volvió. Se fueron los caseros y aquella noche Lázaro se albergó en casa de las vecinas. A la mañana siguiente volvieron los acreedores con un alguacil y un escribano con la esperanza de recibir el cobro. Como que el inquilino se había escapado, hicieron preso a Lázaro, y pretendían que 1s descubriera el lugar donde su amo guardaba los bienes, pero el muchacho sólo supo darles noticia del solar de casas y el palomar derribado en Castilla la Vieja, mostrando su tremenda ingenuidad. Se rieron todos con la respuesta y las vecinas, compadecidas, intercedieron ante la justicia para que lo dejasen libre, pues no tenía ninguna culpa en el fraude. El alguacil y el escribano accedieron. Después pidieron al hombre y a la mujer que les pagaran sus derechos; como estos se negaran, se produjo una contienda, en la que cada uno defendía su parte. Se marcharon de la casa, dando todavía voces y no se supo en qué terminó la pendencia.

Lázaro se quedó solo, muy desdichado, porque su desgracia había llegado hasta tal extremo que esta vez el criado había sido abandonado por el amo.

Comentario

Este es el tratado de más alto valor en toda la novela por una serie de fenómenos que procuraremos destacar.

Vimos que tanto el ciego como el clérigo eran dos personajes tradicionales. Se ha discutido si el escudero lo es también. Lo cierto es que esta figura se encuentra documentada en textos del siglo XVI. Por ejemplo, un refrán de Feliciano de Silva, dice escudero pobre, rapaz adevino (1534). La pareja está presente en farsas de Gil Vicente y Sánchez de Badajoz y en un auto de hacia 1535, donde se leen dos versos que parecen variantes del popular refrán, *al hidalgo pobre / no falta moço adeuino*.

También la morfología del escudero se reviste de unos caracteres tópicos, destacados por el insigne Bataillon. Así el ir *con razonable vestido y bien peinado*, los puntillos de honra que le aquejan, entre los que destacan el menosprecio al saludo *manténgaos Dios*, y su resistencia *a servir con caballeros de media talla*.

Otro tema en el que el autor del *Lazarillo* no se muestra nada original es en la frase con la que culmina el chascarrillo del entierro, meollo del tratado, *la casa lóbrega y obscura* donde vive la pareja. Es muy probable que para los lectores contemporáneos, el significado sepulcral de ambos adjetivos les fuera familiar. El cuento ha sido hoy día documentado en una antigua anécdota india y en dos narraciones árabes de los siglos X y XV, respectivamente. Esta calificación de la mansión es repetida con

46

insistencia en el curso de la historieta, lo que manifiesta ser una expresión clave en las pretensiones del autor. Cuando Lázaro penetra en su nuevo alojamiento nos dice que *tenía la entrada obscura y lóbrega de tal manera, que parece que ponía temor a los que en ella entraban*. Poco más adelante el escudero confiesa: *Malo está de ver, que la desdicha desta vivienda lo hace. Como ves, es lóbrega, triste, obscura. Mientras aquí estuviéramos, hemos de padecer.* Y unas líneas después, repite: *Por Nuestro Señor, cuanto ha que en ella vivo, gota de vino ni bocado de carne no he comido ni he habido descanso ninguno; mas ¡tal vista tiene y tal obscuridad y tristeza!* A continuación ocurre el incidente del entierro con la lamentación de la viuda, ya anotada en la sinopsis.

Hasta aquí, pues, no hay nada que difiera de la producción literaria, de los dos tratos anteriores. Pasemos al segundo punto, el de la gradación.

Continúa una clara progresión encadenada a todo lo anterior. Se llega al tercer tratado con el que culmina todo un proceso. Cuando Lázaro capta la condición del escudero, tiene perfecta conciencia de haber llegado al estado más bajo de un proceso degradatorio que dio comienzo en su aventura con el ciego. Para que esta última situación quede más reforzada, el autor se sirve de un contraste brutal entre las esperanzas del chiquillo *y seguíle, dando gracias a Dios por lo que le oí, y también que me parescía según su hábito y continente, ser el que yo había menester,* frente a la verdadera realidad que, pocas horas después, ha conseguido percibir: "Allí se me vino a la memoria la consideración que hacía cuando me pensaba ir del clérigo, diciendo que, aunque aquél era desventurado y mísero, por ventura toparía con otro peor."

Las alusiones a las dos etapas precedentes son numerosas. Destacaremos otra importante. Después de la segunda anécdota que nos refiere –la comida de las uñas de vaca– hay una nueva reflexión que no deja lugar a dudas en cuanto a la dicha articulación narrativa.

> *Contemplaba yo muchas veces mi desastre, que, escapando de los amos ruines que había tenido y buscando mejoría, viniese a topar con quien no sólo no me mantuviese mas a quien yo había de mantener*[38].

---

38. F. Rico, *La novela picaresca española*, pág. 54.

La ligazón se mantiene también en los objetos que dan la medida de sufrimiento. Recordemos el esfuerzo del autor en el tratado anterior, a reducir el escenario a la casa del clérigo con el arcaz de marras. Ahora se llega al límite:

> *Después desto, consideraba aquel tener cerrada puerta con llave ni sentir arriba ni abajo pasos de viva persona por la casa. Todo lo que yo había visto eran paredes, sin ver en ella silleta, ni tajo, ni banco, ni mesa, ni aun tal arcaz como el de marras*[39].

Desolador descubrimiento el de Lázaro. El había podido hurtar de la despensa del clérigo gracias a la llave, pero en esta ocasión, la ironía no puede ser más sarcástica. El escudero le dice: *Cierra la puerta con llave, no nos hurten algo, y ponla aquí en el quicio*. O sea que hasta ese mismo instrumento no le servía para nada. La degradación llega al colmo en la soberbia pintura de las dos escenas alimenticias. En ellas se produce el grandioso salto que arranca de sí como lastre la fría dialéctica picaresca burlador-burlado para entrar en unas zonas de calurosa humanidad. El niño ofrece de comer a su amo. Creemos que este tercer estadio es la salida forzosa para escapar de un callejón sin salida. El Ciego empezó burlando a Lázaro, éste termina burlando al criado. Se han recorrido todos los caminos. La burla pierde su razón de ser porque no hay nada que guardar ni nada que hurtar. El amo tiene más necesidad que el mozo y le come su pan, el pedazo *mejor y más grande*. Acometen los dos el alimento, *dime priesa y con esto acabamos casi a una*. Escena contrapuntística a la de las uvas, pero donde han cambiado las tomas. Otro contraste se produce con el vino. El protagonista no da pie con bola. Se tragó todas las apariencias: el buen *hábito y continente* aludido más arriba, el no haberse ocupado de comprar en el mercado, conforme a las costumbres de las familias pudientes, *amo que se proveía en junto*, y a lo que vamos, el vino.

> *Y entró en una camareta que allí estaba, y sacó un jarro desbocado y no muy nuevo, y desque hubo bebido*

39. F. Rico, *La novela picaresca española*, pág. 44.

convidóme con él. Yo, por hacer del continente, dije:
—Señor, no bebo vino.
—Agua es —me respondió—. Bien puedes beber... [40]

Como se ve, ninguna línea tiene desperdicio. Todas están perfectamente engranadas en una sintaxis que tiene como sentido último algo tan rico y complejo que bien merece toda clase de especulaciones por parte de la crítica. De todas maneras, lo verdaderamente meritorio es la construcción de este discurso. Prosigamos. La ingenuidad del mozo está en función de estos contrastes, como fórmula extremada del sufrimiento. Pero llegado a este nivel se produce una fisión hondamente humana, que hemos adelantado líneas más arriba. Desaparecida la hostilidad del medio ambiente (el amo), Lázaro se transforma y aflora en él el cariño y la compasión. Empieza a darse a conocer bajo una apariencia muy distinta de su natural: *Señor, mozo soy, que no me fatigo mucho por comer, bendito Dios.* Llega la hora de cenar y la misma confesión: *Señor, de mí —dije yo— ninguna pena tenga Vuestra Merced, que sé pasar una noche y aún más, si es menester, sin comer.* Acostado junto al escudero no se atreve a moverse *por no despertalle.* Pero la transformación de este nuevo Lázaro queda más patente en la segunda comida que ofrece a su amo. La diferencia entre ambas estriba en ese especial matiz.

La reflexión suya que a continuación compiamos es suficientemente explícita por sí misma.

Sentéme al cabo del poyo, y, porque no me tuviese por glotón, callé la merienda. Y comienzo a cenar y morder en mis tripas y pan, y disimuladamente miraba al desventurado señor mío, que no partía sus ojos de mil faldas, que aquella sazón servían de plato. Tenía lástima haya Dios de mi como yo había dél porque sentí lo que sentía y muchas veces había por ello pasado y pasaba cada día. Pensaba si sería bien comedirme a convidalle; mas, por me haber dicho que había comido, temíame no aceptaría el convite. Finalmente, yo deseaba aquel pecador

0. F. Rico, *La novela picaresca española*, pág. 46.

ayudase a su trabajo del mío y se desayunase como el día
antes hizo, pues había mejor aparejo por ser mejor la
vianda y menos mi hambre. Quiso Dios cumplir mi deseo,
y aun pienso que el suyo[41] (Los subrayados son nuestros.)

Cabría aún citar más párrafos que muestran esta incipiente fraternidad, pero creemos que son suficientes los transcritos. No desaparece del todo el Lázaro pícaro, al simultanear estos caritativos pensamientos y disimulos con otros comentarios mudos en que maldice su suerte. Todo para que el lector no pierda de vista este tercer grado desastroso. La compasión había nacido porque el comportamiento del escudero era muy distinto del de los avaros precedentes. No pretende explotarlo, lo sienta a su lado, conversa con él duermen juntos y, en alegres momentos, le presta sus confidencias; y lo más notorio, es que no tienen nada. Este descubrimiento por parte de Lázaro, le hace declarar las siguientes palabras cálidas:

Con todo, le quería bien, con ver que no tenía ni podía
más. Y no tenía tanta lástima de mí como del lastimado
de mi amo. Al cual, con toda su pobreza, holgaría de servir
más que a los otros [amos].

En el desenlace también puede observarse una clara articulación con los dos tratados anteriores. Recordemos que Lázaro se venga del ciego y escapa de él; que, es expulsado por el clérigo; pero con el escudero se produce la peor variante de todas, la más vergonzosa: el amo que deja abandonado a su criado. Esta relación progresiva es declarada directamente por el narrador.

Así como he contado, me dejó mi pobre tercero amo, do
acabé de conoscer mi ruin dicha, pues, señalándose todo
lo que podía contra mi, hacia mis negocios tan al revés,
que los amos, que suelen ser dejados de los mozos, en mí
no fuese así; mas que mi amo me dejase y huyese de mí[42].

41. F. Rico, *La novela picaresca española*, pág. 52.
42. F. Rico, *La novela picaresca española*, pág. 66.

El proceso se desarrolla también a nivel lingüístico. En la anécdota
el arcaz del clérigo, se nota una conexión semántica a través de diversas
ses. En su primer día glorioso, Lázaro toma entre las manos y dientes
a bodigo; luego, del pan partido partí un poco; la vez siguiente desmigajé
a poco; por último, saqué alguna laceria, tocándolos muy ligeramente.
sta progresión, que ha sido destacada por Lázaro Carreter, sigue un
urso claro de degradación. Pues la misma dirección semántica existe
atre los tres amos. Con el primero estaba muerto de hambre, con el
·gundo en la sepultura y con este último no hacía sino fenescer.
asemos a analizar otro punto de procedimiento narrativo. F. Rico destaca
on agudeza que Lázaro narrador reconstruye con detalle el proceso de
 percepción. De este modo, la redacción del libro es un momento de
a trama. Esta técnica hay que circunscribirla especialmente a la hora de
 presentación del escudero y, para comprender su razón de ser, una vez
iás hemos de volver, la vista atrás. La descripción del ciego antecedía
la serie de chascarrillos y tenía como objeto hacer comprender su
liosincrasia (astucia), para captar luego el sentido de aquéllos. La
resentación del clérigo está dispuesta del mismo modo y con idéntica
ancionalidad. Por el contrario, en el tercer tratado, surge una nueva
isposición, confirmando una vez más su diferencia con todo lo

recedente, según la fórmula $\dfrac{1^{\underline{o}} / 2^{\underline{o}}}{3^{\underline{o}}}$ (Significa que entre el primero

· el segundo tratado hay rasgos comunes de los que se prescinde en el
rcero. Es el único modo de llegar a una situación límite.) La descripción
el escudero no antecede a la parte anecdótica sino que es constitutiva
e ella. Es decir, el conocimiento que de este personaje adquiere Lázaro
es, por sí mismo, un hecho anecdótico". La gradación estructural de los
nteriores tratados, cifrada, por ejemplo, en un juego de estímulos y
espuestas (burlador-burlado), en éste se traduce en una serie de
ercepciones graduales que originan una doble interpretación: la aparente
 la real. En muy pocas horas, Lázaro, que empezo identificando estos
os terminos, mantiene una amarga dialáctica interna porque se resiste
 aceptar esta bisemia. No tendrá, por fin, más remedio que admitir la
alsedad de su amo, con todas sus fatales consecuencias alimenticias.

Acompañemos al muchacho en sus descubrimientos. Marchaba Lázaro de puerta en puerta cuando topo *con un escudero que iba por la calle con razonable vestido, bien peinado y su poso y compás en orden*. Son las únicas notas destacables a primera vista. Lázaro acepta ser su criado y pronto salta su preocupación: satisfacer el hambre. Al ver que no hace compra en el mercado se aferra a un consuelo. *Por ventura no lo ve aquí a su contento –decía yo– y querrá que lo compremos en otro cabo*. A pesar de todo, sus sospechas se acentúan al ver que entretienen la mañana, oyendo misa y *los otros oficios divinos*. Mas, por otra parte, la desocupación era costumbre de la clase pudiente en esa época y el extraño comportamiento podía encerrar buenos auspicios. *Yo iba el más alegre del mundo en ver que no nos habíamos ocupado en buscar de comer*. Finamente, *dio el reloj la una* y entraron en la casa *lóbrega y oscura*, segundo mal síntoma. La conversación que amo y mozo sostienen a continuación es un compás de espera de mal agüero también. *Esto hecho, estuvo ansi un poco, y yo luego vi mala señal, por ser ya casi las dos no le ver más aliento de comer que a un muerto*. La última observación es el silencio reinante. Y llegamos al primer climax, cuando el escudero le propone: *pásate como pudieres, que después cenaremos, Vuestra Merced crea, cuanto esto lo oí, que estuve en poco de caer de mí estado*. Brutal descubrimiento el suyo. ¿No es otro golpe más contra su ingenuidad?

Basta con lo leído. La gradación es clara. Continúa el admirable pasaje sin dar descanso en los descubrimientos del pícaro hasta la mañana siguiente. A este respecto, Claudio Guillén apunta una interesante teoría en cuanto al transcurso del tiempo autobiográfico, que el sentido de temporalidad de Lázaro va unido a determinados instantes de sufrimiento. Cuando éste falta hay una vaguedad cronológica. Comparado el primer tratado con el segundo se observa una mayor precisión. La anécdota de los bodigos dura varios días sucesivos. Pero donde la fijación temporal es minuciosa y el transcurso lento es en el tercer tratado. Se llegan a contar las horas y ello es debido a que en aquellos momentos, su sufrimiento se hace más agudo. No tenemos nada que objetar a esta tesis, pero sugerimos otra interpretación. La morosidad responde a la estructura habitual de progresión, cifrada en este caso en una serie sucesiva y mediata de percepciones encaminadas a conocer la auténtica naturaleza de escudero. No hubiera sido posible narrar de otro modo, si es que Lázaro mismo pretende de mostrar el chasco que se lleva, el mayor de todos cuantos le han sucedido.

El tratado, en su totalidad, puede ser dividido en cuatro episodios, los tres primeros en convivencia con el escudero, y el ultimo provocado por su ausencia. En primer lugar, el descubrimiento del personaje; luego, la segunda comida de las uñas de vaca, cuya función es mostrar el cariño y consuelo del criado hacia su amo; el tercero, centrado en el chiste de la casa *obscura y lóbrega* del entierro. Con él se cierra el ciclo narrativo al adquirir un sentido completo las reiteradas menciones del nuevo alojamiento. El último episodio de la fuga del escudero con el subsiguiente abandono de Lázaro, remata la cadena de la triple servidumbre.

No aceptamos plenamente la interpretación de Lázaro Carreter, que ve una menor trabazón en este tratado por lo que su construcción sufre un cierto desajuste. El único lapsus que interrumpe el proceso es el de la información hecha por el escudero sobre su, vida e ideales. Constituye una digresión social, anormal en nuestra obra, pero muy frecuente en otras novelas picarescas posteriores. Al estar situado justamente después del tercer episodio, no perjudica la ley terciaria dominante.

Finalmente, sobre el desenlace merece también recordar la tesis de este mismo crítico quien relaciona una vez más los tres tratados. Parte de una diferencia fundamental entre novela y cuento. En la primera hay varios centros de interés y no es necesario que el clímax esté al final. Por el contrario, en el cuento los episodios se ordenan hacia un clímax coincidente con el desenlace. En el capítulo del ciego, el final es abrupto pues el punto máximo de la tensión hay que situarlo en la calabazada contra el poste. Juzga por el contrario, que es más lento en el segundo, pues después del estacazo viene la convalescencia. Efectivamente, Lázaro narrador se complace en relatar los efectos de tal golpe; de todos modos, las líneas que a ello le dedica son pocas y, dentro del conjunto, la prolongación es casi inapreciable. En lo que no estamos de acuerdo con el profesor salmantino es en la interpretación de que "sería en cambio, difícil señalar el clímax del tercer capítulo"[43]. El abandono del amo es

43. F. Lázaro Carreter *Construcción y sentido del "L. de T."*, pág. 108.

un resultado lógico del proceso, como se ha comprobado, y el incidente de los acreedores está puesto para confirmar la desdicha de Lázaro además de los visos de realismo narrativo que entraña al no dejar el cabo suelto del alquiler. *Así, como he contado, me dejó mi pobre tercero amo do acabé de conocer mi ruin dicha*. En modo alguno fuerza el autor la lógica adecuada. Por esa razón no habla del ciego, después del golpe *porque tuvo que huir*.

tratado IV

Cómo Lázaro se asentó con un fraile de la Merced, y de lo que le acaescio con él *

Sinopsis

> *Hube de buscar el cuarto, y éste fue un fraile de la Merced que las mujercillas que digo me encaminaron, al cual ellas le llamaban pariente. Gran enemigo del coro y de comer en el contento, perdido por andar fuera, amicísimo de negocios seglares y visitar, tanto, que pienso que rompía él más zapatos que todo el convento. Este me dio los primeros zapatos que rompí en mi vida; mas no me duraron ocho días, ni yo pude con su trote durar más. Y por esto y por otras cosillas que no digo, salí dél.*

Comentario

En primer lugar, la brevedad de este tratado ha levantado un montón de opiniones intentando explicar tal desajuste constructivo. Para Lázaro Carreter, tanto este tratado como el VI son dos brevísimos esbozos de acción que apuntan un decaimiento en el esfuerzo de composición. Dicha brevedad hace más estrecha la relación con *El Asno de Oro*. Sicrof

---

* Debido a su brevedad copiamos íntegro el capítulo.

stenta el mismo criterio añadiendo que el autor estaba inducido, por
conciencia de no haber realizado plenamente su proyecto literario, a
) publicar la obra. Desconcierta, es verdad, que dos partes tan cortas
even título de tratado. F. Ayala sospecha que los epígrafes fueron puestos
or el editor, dado caso que la novela fuese publicada solamente después
e la muerte del autor, cuando ya habían circulado manuscritos de ella.
n realidad, nos inclinamos a creer que ambos tratados van incluidos en
cuerpo de los siguientes.

De todos modos, a partir de este instante cambia por completo la firme
structura anterior en cuanto a su extensión temática, perspectiva del
ersonaje, ritmo temporal y capítulo de padecimientos. El giro es radical.
l proceso entra en un ritmo acelerado que sólo encuentra su explicación
n la tesis de C. Guillén, de que Lázaro ha madurado y por consiguiente
a no es necesaria la conciencia del tiempo[44]. Las variaciones del Lazarillo
ctor al Lazarillo espectador (tratado v) preparan el acercamiento del
ersonaje al momento presente. La línea temporal autobiográfica se
royecta desde el pasado con un punto de partida: el nacimiento del
ícaro, hasta un presente final donde el personaje (Lazarillo) se confunde
on el narrador (Lázaro). La fusión afecta también al nivel temporal, al
se aproximando el tiempo de la narración y el cronológico, hasta que
oinciden.

Lázaro, a partir de este tratado IV, abandona la progresión degradatoria,
n descenso, centrada en torno a una necesidad primaria, satisfacer el
ambre, pues ha llegado a un nivel cero. Salta repentinamente a otro
roceso ascendente, donde, poco a poco, va cubriendo otras necesidades
undamentales, no tan primordiales como el comer, hecho que se supone
uperado.

> *Este* [amo] *me dio los primeros zapatos que rompí en mi
> vida.*

Los rasgos morfológicos del fraile son tanibién tradicionales: su afición
las mujercillas y a las visitas, su enemistad con el coro y la costumbre
e comer fuera del convento.

4. G. Guillén, *La disposición temporal del Lazarillo de Tormes*, págs. 264 y ss.

tratado V

Cómo Lázaro se asentó con un buldero, y las cosas que con él pasó

Sinopsis

El quinto amo de Lázaro fue un buldero, muy desenvuelto y desvergonzado, diestro en los más sutiles engaños. Lo primero que hacía al entrar en un lugar era ofrecer al cura algún presente para que le favoreciera en el negocio, de conseguir que los feligress compraran las bulas. Si esta estratagema no daba resultado acudía a otros artificios mañosos como el que se refiere a continuación.

Ocurrió en la Sagra de Toledo. Había predicado el buldere dos o tres días sin conseguir resultado positivo, de manera que decidió convocar al pueblo por última vez para el día siguiente. Aquella misma noche se puso a jugar con el alguacil; al poco rate se levantó entre ellos un altercado tan violento que al ruido acudieron los huéspedes y vecinos, y se originó un gran alboroto. Se cruzaron palabras injuriosas, el alguacil reprochó al buldero que las bulas que vendía eran falsas. Los del pueblo los separaron e la pendencia no pasó a mayores. A la mañana siguiente e amo de Lázaro acudió a la iglesia y convocó a los vecinos. Estos ya andaban murmurando contra el comisario a causa de los reproches de alguacil. Empezó aquél el sermón y a la mitad fue interrumpido por e compañero, quien públicamente declaró ante todos los feligreses esta arrepentido del fraude preparado por ellos dos, al intentar vender unas bulas falsas. Cuando terminó de hablar, se lervantaron algunos hombre honrados con ánimo de expulsarlo de la iglesia pero les atajó el buldero y ordenó que no le hicieran daño alguno ni lo molestaran. Seguidamente se hincó de rodillas en el púlpito y con expresión beatífica rogó en voz alta al Señor que perdonara al ofensor esta calumnia y que si era verdad lo que había dicho se hundiera el púlpito bajo tierra; pero que si era false el alguacil sufriera el castigo divino para que quedara de todos conocida la malicia de su declaración.

Inmediatamente cayó el alguacil al suelo víctima de un ataque epiléptico. Se originó en la iglesia una gran confusión de voces y ruido producidos por el espanto de la escena. Finalmente, se acercaron algunos caído y lo redujeron por la fuerza con mucha dificultad pues no paraba dar puñetazos a su alrededor. A todo esto el predicador permanecía actitud mística, como si estuviera sumido en una divina contemplación. Aquellas honradas gentes se acercaron a él y le suplicaron que corriera al alguacil pues todo el mundo se había dado perfecta cuenta la calumnia inventada por él. El comisario de las bulas respondió que taba dispuesto a perdonar las injurias recibidas y rogó a todos que zasen al Señor para que le perdonara los pecados y le devolviese su lud y sano juicio. Se hincaron de rodillas y el predicador se aproximó enfermo con una cruz y agua bendita. Recitó una larga oración que nó de emoción al devoto auditorio; mandó traer luego la bula y se la so sobre la cabeza. Al poco rato el pecador empezó a volver a su juicio una vez recuperado, pidió humildemente perdón al buldero declarando e su espíritu había estado poseído por el demonio, el cual le obligó a cer ese daño. El otro le perdonó y volvieron a la antigua amistad. El eblo entero, maravillado y convencido del milagro, acudió a comprar s bulas. Se divulgó también la noticia por todas las comarcas de los rededores, donde los farsantes consiguieron hacer un buen negocio.

Cuando él hizo el ensayo, confieso mi pecado [escribe Lázaro], que también fue dello espantado y creí que ansi era, como otros muchos; mas con ver después la risa y burla que mi amo y el alguacil llevaban y hacían del negocio, conoscí cómo había sido industriado por el industrioso y inventivo de mi amo[45.]

Comentario

En la obra de Apuleyo, el asno entra al servicio de unos sacerdotes de diosa Siria, expertos en mixtificaciones que sacan provecho de la redulidad de los fieles. El traductor español de esta historia, López de ortegana, transforma a estos sacerdotes en bulderos. Estos últimos eran

5. F. Rico, *La novela picaresca española*, pág. 73.

esquilmadores por antonomasia. La hostilidad del pueblo contra ello
estaba muy extendida y circulaban por España muchas historietas sobr
este tema. Además de este libro, el autor del *Lazarillo* aprovecha tambié
como modelo un *novellino* de Masuccio.

En suma, tampoco le faltan a este personaje precedentes folklóricos
El episodio parece suelto. A lo sumo, podemos ponerlo en contacto co
el final, estableciendo un parangón entre la mujer de Lázaro y el alguaci
(A); el Arcipreste y el huidero (B); Lazarillo y la gente del pueblo (C)
En ambos pasajes participa un trío y la estratagema es similar. A y F
están aliados en perjuicio de C que cae ingenuamente en el engaño. E
juego entre apariencia y realidad, frecuente en el Renacimiento y
practicado con el conocimiento del escudero, es asumido también aqu
y en el adulterio de la mujer. (En el Guzmán de Alfarache esta antinomi.
es un componente fundamental de su estructura interna.) Esta unidad d·
relación puede explicar muchas cosas.

En primer lugar, articula aunque débilmente los tres tratados III, V y
VII, por lo que el autor no abandona su técnica favorita. En segundo luga
ayuda a descubrir la oscura intención del escritor (si es que la hay). La
falsas apariencias tienen más importancia que la realidad de fondo, si e:
que se quiere medrar. Digamos que esta triste, lección es bien asimilad.
por Lázaro y cuando quiere poner las cosas en su sitio con respecto a si
mujer, se deja convencer fácilmente ante los fingimientos de ella. D·
esta manera no me dicen nada, y yo tengo paz en mi casa. De sobra e:
conocido que en aquellos años la honra se basaba en la opinión ajena
aunque no se conciliara con la podredumbre interior. Ella entra muy a
tu honra y suya, le previene el Arcipreste. Por un lado, nuestro personaj·
ha descubierto durante su permanencia con el escudero unos sentimientos
por otro, lo único importante para él es lo ganado con su propio esfuerzo
Su mujer es la cosa del mundo que yo más quiero y la amo más que a
mí. Si son falsas o no estas delicadas palabras nunca lo sabremos. Per·
ellas son el resultado de una larga experiencia.

Este tratado quinto tiene bastante de farsa teatral, a entender de Wilfred·
Casanova. La burla del buldero consta de dos escenas. En la primer.
cuando el alguacil juega con su compinche a las cartas y sobrevienen lo:
insultos, hay un cierto movimiento teatral rápido en el griterío y caos
que se produce.

Al ruido y voces, que todos dimos, acuden los huéspedes
y vecinos y métense en medio. Y ellos, muy enojados,
procurándose desembarazar de los que en medio estaban
para se matar. Mas como la gente al gran ruido cargase
y la casa estuviese llena della, viendo que no podían
afrentarse con las armas, decíanse palabras injuriosas[46].

El segundo escenario también es interior: la iglesia. Los personajes
desempeñan bien su papel y todos los actos son espectaculares: la entrada
del alguacil y su discurso, la hipócrita oración del huidero, el falso milagro
la admiración popular que se desencadena. El revuelo ocasionado por
ataque del alguacil es semejante al anterior.

El estruendo y voces de la gente era tan grande, que no se
oían unos a otros. Algunos estaban espantados y temerosos[47].

Para Casanova, la teatralidad de las dos escenas mencionadas es
aralela a otra del tratado séptimo, cuando la mujer de Lázaro se indigna
nte las amonestaciones del marido.

Entonces mi mujer echó juramento sobre sí, que yo pensé
la casa se hundiera con nosotros, y después tomóse a llorar
y a echar maldiciones sobre quien conmigo la había
casado, en tal manera, que quisiera ser muerto antes que
se me hobiera soltado aquella palabra de la boca[48].

Esta semejanza no es del todo clara. El único denominador común es
l doble juego entre apariencia y realidad. De este modo el episodio del
uldero adquiriría una función introductoria del final.

La técnica narrativa es la misma que en el encuentro con el escudero.
a única diferencia consiste en que Lázaro es espectador, pero hay en
omún que relata la treta como persona ignorante de la burla. Es manera

6. F. Rico, *La novela picaresca española*, págs. 68-69.
7. *Idem.*, pág. 71.
8. *Idem.*, pág. 79.

muy directa y amena de contar. Además la denuncia a la engañosa realidad externa se hace buís incisiva.

tratado VI

Cómo Lázaro se asentó con un capellán y lo que con él pasó.*

Sinopsis

> *Después desto, asenté con un maestro de pintar panderos, para molelle los colores, y también sufrí mil males.*
> *Siendo ya en este tiempo buen mozuelo, entrando un día en la iglesia mayor, un capellán della me recibió por suyo. Y púsome en poder un asno y cuatro cántaros y un azote, y comencé a echar agua por la cibdad. Este fue el primer escalón que yo subí para venir a alcanzar buena vida, porque mi boca era medida. Daba cada día a mi amo treinta maravedís ganados, y los sábados ganaba para mí, y todo lo demás, entre semana, de treinta maravedís. Fueme tan bien en el oficio, que al cabo de cuatro años que lo usó, con poner en la ganancia buen recaudo, ahorré para me vestir muy honradamente de la ropa vieja. De la cual compré un jubón de fustán viejo, y un sayo raído de manga tranzada y puerta, y una capa que había sido frisada, y una espada de las viejas primeras de Cuéllar. Desque me vi en hábito de hombre de bien, dije a mi amo se tomase su asno, que no quería lilés seguir aquel oficio.*

Comentario

En las primeras líneas se hace alusión a un pintor que recuerda al pillo de una obrita picaresca alemana, el Till Eulenspiegel, quien engañó a

---

* Debido a su brevedad copiamos integro el capítulo.

ndgrave de Hesse haciéndose pasar por pintor ficticio. Además de este recedente, Bataillon documenta dos proverbios: *según sea el dinero ean panderos y quien tiene dineros pinta panderos*[49]. Los cuales nos ermiten imaginar una vieja historieta española en la que un falso pintor e panderos habría engañado a una humilde clientela pueblerina, aciéndose pagar por adelantado.

Percíbese luego la ironía de Lázaro en su ascenso social, pues después e una ganancia de cuatro años, ahorró lo suficiente para *me vestir muy onradamente de la ropa vieja*. Duros y largos trabajos para tan escaso esultado.

ratado VII

ómo Lázaro se asentó con un alguacil, y de lo que caesció con él

Sinopsis

Despedido del capellán pasó al servicio de un alguacil. Estuvo con él oco tiempo pues el puesto le pareció peligroso. Una noche, por ejemplo, es atacaron unos desalmados con pedradas y palos. Al amo le alcanzaron el criado pudo salir milagrosamente del percancé.

Gracias a la Divina Providencia y al favor de unos amigos y señores, onsiguió Lázaro un oficio real y con esto se acabaron todas sus enalidades y fatigas. Consistía su nuevo oficio en pregonar los vinos y compañar a *los que padescen persecución por la justicia*, es decir, los elincuentes, publicando a voces sus delitos. Y en este cargo de pregonero eguirá hasta el momento presente que escribe su autobiografía.

Durante ese tiempo, el arcipreste de San Salvador, amigo del Vuestra Merced, contento con Lázaro porque le pregonaba sus vinos, procuró asarle con una criada suya. El aceptó de buen grado porque ganaba, por n lado, una mujer diligente y servicial, y por otro, toda la ayuda del érigo, materializada en unos regalos, en ocasión de las fiestas principales, una casita alquilada, contigua a la suya. Sin embargo, las malas lenguas

. M. Bataillon, *Novedad y fecundidad del "Lazarillo de Tormes"*, págs. 65-66.

murmuraban sobre ciertas relaciones ilícitas entre la mujer y su antiguo señor porque ella iba a hacerle la cama y le guisaba la comida. Salió el arcipreste al paso de estas habladurías confesando a Lázaro que eran falsas y que si no quería perder su provecho debía olvidarlas. Lo corroboró la misma esposa por medio de lloros y maldiciones contra Lázaro por su estúpida credulidad. Este desterró sus inquietudes asegurando tener en adelante la máxima confianza en ella. De este modo quedaron los tres bien conformes.

Hasta el momento actual no se volvió a insistir en el caso referido. Y si algún amigo mentaba ciertas sospechas, él le atajaba con firmes réplicas

> Mi mujer [que] es la cosa del mundo que yo más quiero
> y la amo más que a mí, y me hace Dios con ella mil
> mercedes y más bien que yo merezco. Que yo juraré sobre
> la hostia consagrada que es tan buena mujer como vive
> dentro de las puertas de Toledo. Quien otra cosa me dijere,
> yo me mataré con él.[50]

Así concluye Lázaro su relato autobiográfico, añadiendo como indicación el año en que lo escribió y la prosperidad conseguida después de tan penosos esfuerzos.

> Esto fue el mesmo año que nuestro victorioso emperador
> en esta insigne cuidad de Toledo entró y tuvo en ella
> Cortes, y se hicieron grandes regocijos, como Vuestra
> Merced habrá oído. Pues en este tiempo estaba en mi
> prosperidad y en la cumbre de toda buena fortuna.[51]

Comentario

Hemos llegado al último tratado. Lazarillo-personaje, se acerca a Lázaro-narrador, tornando de este modo al punto de partida del prólogo

50. F. Rico, *La novela picaresca española*, pág. 80.
51. *Idem*.

caso está ya justificado. Sobre el *Guzmán de Alfarache*, E. Cross emite
tesis de que la autobiografía de hurtos y maldades es una petición de
:mencia que el pícaro dirige al público, puesto que su culpabilidad según
desprende de la lectura, no es tanta, ya que una hostilidad ambiental le
bía impulsado a seguir este camino torcido. Casi otro tanto podríamos
cir de Lázaro, desde una perspectiva distinta a la de sus contemporáneos,
iienes sin duda la juzgaron como mera obra de pasatiempo.

Con el cargo de pregonero real, Lázaro se considera asentado en la
mbre de su fortuna, opinión muy subjetiva y regocijante para el lector
: entonces, que ya sabía de sobra que este oficio *era el más ínfimo, el
:nos brillante de todos*.[52] Los argumentos del eminente investigador
:ancés no dejan lugar a dudas. "La infamia de la función queda
:rfectamente puesta de manifiesto en la Real Ordenanza que regula el
:rvicio militar, reimpresa en 1814 y citada en el *Bulletin Hispanique*,
:II, 1955, págs. 278-279): el artículo xvi "excluye del honroso servicio
:ilitar a los negros, mulatos, carniceros, *pregoneros públicos* y verdugos".
:ste era, sin duda, el único "oficio real" accesible a la chusma de los
:ristianos nuevos" de origen judío.[53]

Entonces, ¿por qué este ridículo orgullo del pícaro? F. Rico sostiene
: excelente criterio de que todo obedece a una perspectiva personal. En
: vida impera el relativismo y la ambigüedad, a entender del narrador.
:ázaro no quiere concebir los términos absolutos. "Que yo juraré sobre
: hostia consagrada que *es tan buena mujer como vive dentro de las
:ertas de Toledo*." Declaración escurridiza sobre la moralidad de su
:posa. Ningún toledano se atrevería a tirar la primera piedra. Pues al
:ismo resultado equívoco llega con respecto a un debate capital mentado
: el Prólogo. *Porque consideren los que heredaron nobles estados cuan
:oco se les debe, pues Fortuna fue para ellos parcial, y cuánto más hicieron
:s que, siéndoles contraria, con fuerza y maña salieron a buen puerto*.

Innumerables tratados y diálogos a lo largo de los siglos xv y xvi
:scutían el problema sobre qué estado era mejor si el adquirido o el
:eredado. La monolítica concepción medieval argüía en defensa de la
:ngre pues el orden social debía ser inmutable, como trasunto del orden

:. M. Bataillon, *Novedad y fecundidad del "Lazarillo de Tormes"*, pág. 67.
:. Véase el *Cancionero de obras de burlas*, fol. C7 v. Valencia, 1519.

cósmico y del reino de Dios. Con su afirmación tajante, Lázaro opta por la postura innovadora en favor de los propios méritos. La contradicción estalla, en este momento, al considerar que *en realidad* no ha habido tal encumbramiento. Rico establece entonces tres hipótesis: 1.ª) No lo ha conseguido porque no ha practicado la "virtud"; 2.ª) Igualmente para los conservadores "porque la pretensión de mudar de estado es intrínsecamente pecaminosa"[54]; y 3.ª) (hacia la que el joven erudito se inclina, con ciertas reservas) que, para Lázaro, subjetivamente, sí hay la satisfacción de una mejora sobresaliente, pues a fin de cuentas, "la persona es el único criterio eficaz de verdad". Tampoco se puede rechazar una sugestiva explicación en esta tercera postura, en el sentido de que el pícaro se burla de algo tan sagrado como era la honra, ya que insistentemente carga sus tintas en una falta de ejemplaridad por los cuatro costados.

A nuestro modo de ver debemos disociar al autor del narrador y considerar entonces un doble punto de vista. Para llegar a la intención de aquél hay que pasar por este último. No cabe duda de que Lázaro es sincero cuando se considera en la cumbre de su fortuna. No ha aspirado a mas y toda su vida ha sido un haz de adversidades dramáticas. Pero detrás se esconde la mano poderosa del autor, que bien sabe de burlas conjugadas con las veras. Y precisamente lo que infunde mayor realismo a su obra es el determinismo ambiental y de herencia, encadenando de extremo (tratado I) a extremo (tratado VII), unos mismos motivos y un mismo lenguaje.

1)   La madre: "determino arrimarse a los buenos", amancebándose con el negro.
     El hijo: "yo determinaré arrimarme a los buenos" y se casa con la manceba del Arcipreste.
2)   El padre: "padesció persecución por justicia".
     El hijo: como pregonero, debía "acompañar a los que padeseen persecuciones por justicia".
3)   Lázaro: "estaba hecho al vino" y al final pregona los vinos de su señor.

50. F. Lázaro Carreter, *Construcción y sentido del "L. de T."*, pág. 49.

Estas correlaciones explican por sí solas este inexorable camino del
uro pícaro. No hay posibilidad de desclasarse. El autor lo sabe, su
rsonaje, no. Su vida es el hazmerreír de los lectores; pero el chiste lleva
amita.

studio critico de la obra

Bajo la forma autobiográfica de un pillo que vive en la más abyecta ondición social y presenta su vida a la luz pública sin asomo de ergüenza, el *Lazarillo* escandaliza al mundo maravilloso e inverosímil e la novela caballeresca y a la literatura pedagógica abstracta y retórica. a identificación narrador-personaje no era técnica original por aquel ntonces. Martin de Riquer cita como ejemplo dos obras donde se usa ste procedimiento: la autobiografía del arzobispo don Martín de Ayala 1566) y *La breve suma y hechos*, de García de Paredes (muerto en 1530). sta obra es de contenido caballeresco y fue publicada en 1559. Bataillon porta otros títulos de géneros muy diferentes.[55] El relato del *Abencerraje*, e Villegas, la novela de Isea concebida por Núñez de Reinoso según na novela griega de Aquiles Tatios y, sobre todo, el *Viaje a Turquía* que l atribuye al médico Andrés Laguna. Todos ellos, escritos hacia 1550. aunque no novedoso, recordemos *El Asno de Oro* de Apuleyo, aduciudo por López de Cortegana.

La información de unas aventuras vividas por y desde un yo, les da n carácter real, aunque ciertos episodios de algunas de estas obras nencionadas sean de marcado carácter fantástico. Sin duda este propósito ealista animaba al *Lazarillo*. Junto a ello, en el hecho de contarnos su

---

5. M. Bataillon, *Novedad y fecundidad del "Lazarillo de Tormes"*, pág. 50.

vida podría deducirse un afán de ejemplaridad por parte del narrador, y del autor anónimo cuya posición ya conocemos. Aquí está lo insólit, pues es una desfachatez contra el decoro de las mentes, digam, conservadoras, que un pícaro se atreva a exponer a la luz pública u, vida de falsedades y engaños culminadas en un consentimiento adúlter, Es la antítesis de la dignidad, nobleza y ejemplaridad. Por eso algun, críticos como Chandler, han preferido para él la calificación romántic, de "antihéroe". Y para colmo, personaje de tan ruines cualidades se atre, a meter su baza a espadas en un crucial debate: el de la virtud adquirí, por el propio esfuerzo o el de la heredada. Sin duda, el vanguardism, del *Lazarillo* se cifra en esta proyección autobiográfica, a*pologia p, vita sua*, destruyendo unos valores estamentales. El nuevo tema satíric, burlón y con ribetes de ejemplaridad fue posiblemente del agrado de l, mentes más avanzadas.

El procedimiento autobiográfico encierra ricas posibilidades para to, un sector de censura eticosocial que se había despertado en nuestro críti, siglo XVI. Ni la novela sentimental *(Cárcel de amor)*, ni la de caballería, ni los libros moralizantes podían conseguir tan loable fin. La picaresc, abrió un ancho y, sin duda, fructífero camino. A. del Monte, profund, conocedor de este ciclo literario, comenta: "Lo importante no es que, pícaro sea el protagonista de la narración, sino que sea él el narrador. d, esta manera cambia el modo de interpretar la sociedad, que se examin, desde abajo, desde el punto de vista del rencor, o mejor, del egoísmo."

LA VEROSIMILITUD

Acabamos de ver que la narración en primera persona le presta u, carácter de hecho vivido, real en suma, a lo que cuenta el pícaro. Ademá, de este aspecto, otros más contribuyen a dar a esta obra una significació, verosímil, alejándola de la moda fantástica e irreal de tantas narracione, de entonces.

Por ejemplo, el itinerario seguido por Lázaro cae dentro de la geografí,

---

56. M. Bataillon, *Novedad y fecundidad del "Lazarillo de Tormes"*, pág. 30.

ás exacta: Salamanca, las tierras toledanas, Almorox, Escalono, laqueda y Toledo, son las etapas de su peregrinación. M. Bataillon ha estacado el detalle de haber sabido el autor adaptar perfectamente a las rcunstancias españolas temas folklóricos. Por ejemplo, el episodio del acimo de uvas tiene lugar en Almorox, comarca muy cercana de San 1artín de Valdeiglesias 'capital del viñedo más afamado por aquel ntonces de España". Cuenta Lázaro: *Acaesció que, llegando a un lugar ue llaman Almorox, al tiempo que cogían las uvas, un vendimiador le io un racimo dellas en limosna.*

La calabazada del ciego contra el poste es tramada aprovechando el 1omento propicio de unas fuertes lluvias en Escalona, cosa efectivamente ierta. Sin embargo, el meollo de este chascarrillo (*Cómo, y olistes la onganiza y no el poste?*), está al margen del espacio y el tiempo por su aigambre popular y tradicional. Incluso los mismos materiales ofrecen ariantes. En Sebastian de Horozco se lee: "Pues que olistes el tocino, cómo no olistes la esquina?" y en una versión andaluza recogida por 'ernán Caballero, aparece la esquina que rima con *sardina.*[57] La misma ispanización del ambiente es reelaborada en la anécdota del buldero Rico, *Introducción*, XL), recogida posiblemente de *Il Novellino de 1asuccio*, según hemos apuntado más arriba.

Otro carácter que se suma al tono realista es el de las referencias istóricas. Varios trabajos sobre el *Lazarillo* han estudiado esta cuestión, uyo estado actual está perfectamente resumido por A. del Monte.[58]

La figura del escudero es "una hipérbole de una condición social". En la segunda mitad del siglo XVI su oficio había decaído onsiderablemente y, aunque muchos seguían siendo propietarios, no uscitaban ninguna simpatía, conviniéndose en personajes cómicos. En .534, circulaba el proverbio *Escudero pobre, rapaz adevino.*

La hostilidad contra el fraile de la Merced (tratado IV), estaba difundida ntre las Ordenes reformadoras de aquel tiempo. La venta de las bulas tratado V) con ánimo de lucro era ya un robo habitual, llegando a oacciones increíbles como el obligar al pueblo a permanecer toda la ornada dentro de la iglesia hasta que la compraran. El abuso fue tal que

7. M. Bataillon, *Novedad y fecundidad del "Lazarillo de Tormes"*, pág. 30.
8. *Idem.*, págs. 36 y ss.

las Cortes tuvieron que poner remedio promulgando un reglamento de 1523 que evitase estos desafueros.

Cuando Lázaro esta en compañía del escudero hace alusión a una prohibición de mendicidad. A lo largo del siglo se intentó combatir y controlar esta lacra social pero con pocos resultados. A fines de la centuria Mateo Alemán sigue preocupado por el problema, lo denuncia en e *Guzmán de Alfarache* e incluso intent ponerle remedio.

Además de estas alusiones a circunstancias de una realidad contemporánea, hay dos referencias históricas concretas: la batalla de los Gelves (tratado I) y la estancia de Carlos V en Toledo (tratado VII) al comienzo y fin respectivamente de la obra. Se ha intentado poner en contacto este último hecho imperial con la ironía subterránea de encumbramiento de Lázaro a costa de un adulterio. Era de dominio público la desastrosa política militar de este monarca hacia mediados del siglo. Lázaro Carreter duda, sin embargo, que exista una intención maliciosa ya que no es raro encontrar una alusión histórica motivadora de realismo en obras clásicas. Por ejemplo, las *Geórgicas* de Virgilio hacían referencia a las victorias de César en el Eufrates. Habría que considerarlo, pues, como un tópico literario.

La alusión al principio de la obra es también sospechosa. La susodicha batalla fue un desastre para España que perdió en ella cuatro mil de sus hombres.

En vista de tal fracaso mediterráneo, personas ilustres incitaron a los reyes cristianos a la concordia y aunar sus esfuerzos contra los enemigos de la Cristiandad. No obstante, el emperador Carlos dirigía su mirada más hacia glorias europeas que norteafricanas, en perjuicio de los recursos económicos del pueblo español. El ignorado autor del *Lazarillo* posiblemente participaba de este ánimo hostil a la política imperial dejando constancia de su denuncia, al principio y fin, con ambas menciones sospechosas de unas peripecias vitales, amargas, desoladoras.

ESTILO

Debemos recordar previamente que el *Lazarillo* es la expresión de un estado de ánimo interior. El mundo, su realidad, están observados desde un punto de vista subjetivo, el yo del protagonista y narrador, Lázaro

En muchas ocasiones el verdadero sentido se confunde, las cosas adquieren una polisemia que se extiende desde un valor real a su valor *alado*. Por ejemplo, el oficio de pregonero. Si las distancias son desmesuradas se llega a la antítesis de ser todo lo contrario de lo que deben ser. Tal flexibilidad lingüística permite una variedad de recursos que dan una agilidad de estilo y riqueza enormes. Sin pretender en absoluto agotarlos, destacaremos brevemente algunos de ellos.

1.   Un procedimiento lingüístico consiste en elevar a un mayor nivel acontecimientos ruines revistiéndolos de fórmulas o contextos religiosos.

1.1.   El padre de Lázaro, Tomé González, *padesció persecución por la justicia. Espero en Dios que está en la gloria, pues el Evangelio los llama bienaventurados.*

El comentario se repite en boca de la viuda. *Por ensalzar la fe había muerto en la de los Gelves.*

1.2.   Llegada la venganza final contra el ciego, dice Lázaro: *Dios le cegó aquella hora el entendimiento (fue por darme dél venganza).*

1.3.   El socorro divino, a juicio del pícaro, llega a otras mismas circunstancias, nada edificantes. Habla a propósito de los difuntos a los que asiste como acólito del clérigo de Maqueda. *Porque viendo el Señor su rabiosa y continua muerte, pienso que holgaba de matarlos por darme a mí vida.*

1.4.   En la aventura del calderero. *Llegóse acaso a mi puerta un calderero, el cual yo creo que fue ángel enviado a mí por la mano de Dios en aquel hábito.*

Lázaro encuentra la salida feliz alumbrado por el Espíritu Santo. Ayuda el angélico calderero con sus flacas oraciones, hasta dar con la llave apropiada. *Cuando no me cato, veo en figura de panes, como dicen, la cara de Dios dentro del arcaz.*

Y otro día... abro mi paraíso panal.

Vino el mísero de mi amo, y quiso Dios no miró en la oblada que el ángel había llevado.

1.5.   Las plegarias remedian no sólo el hurto sino la venganza. Disimula con el clérigo, *y en mi secreta oración y devociones y plegarias decía: ¡Sant Juan y ciégale!...*

2.   Abundan los contrastes semánticos, no para supervalorar una realidad, sino para observarla bajo una doble perspectiva de términos opuestos.

2.1. Ante las enseñanzas maliciosas del ciego por vía de bromas hace Lázaro la siguiente reflexión: *Huelgo de contar a Vuestra Merced estas niñerías, para mostrar cuánta virtud sea saber los hombres subir siendo bajos y dejarse bajar siendo altos cuanto vicio.*

2.2. El primer amo *siendo ciego me alumbró.*

2.3. *Holgaba de matarlos por darme a mí vida.*

2.4. El vino *sabroso licor, después del porrazo se convierte en dulce y amargo.*

3. Son muy frecuentes las hipérboles con fin humorístico, y también para resaltar con más claridad la hostilidad ambiental que rodea a Lázaro.

3.1. La misma progresión semántica, *escapé del trueno y di en el relámpago.*

3.2. En un momento de sufrimiento, Lázaro lanza la queja: *¡Oh gran Dios!, quién estuviera a aquella hora sepultado, que muerto ya lo estaba.*

3.3. El ciego *ganaba más en un mes que cien ciegos en un año,* con lo que quedan de manifiesto sus habilidades.

3.4. En el mismo sentido, acentúa otro rasgo del primer amo con la afirmación *jamás tan avariento ni mezquino hombre no vi.* Cosa que no fue cierta pues el segundo resultó peor. Ello obliga al autor a construir un montaje progresivo, muy difícil, sobre la base de los padecimientos y ¡con qué maestría le da remate!

3.5. Donde guarda el ciego el pan *no bastara hombre en todo el mundo hacer menos unas migajas.*

3.6. Hasta que el mozo se venga del amo. *Cayó luego para atrás medio muerto y hendida la cabeza.*

Sólo estos ejemplos, seleccionados del primer tratado, nos dan la medida de la abundancia de este tipo de expresiones.

4. Algunas veces la información es ambigua, suficiente para sustentar un relativismo, donde cada cual puede optar por *el punto de vista que prefiera. Ya hemos visto que este carácter es coyuntural en la obra: la ascensión falsa o verdadera de Lázaro. Pero brota también en declaraciones explícitas.*

4.1. Antona Pérez piensa de su hijo *que no saldría peor hombre que mi padre.*

4.2. La manceba del Arcipreste y mujer de Lázaro es *tan buena mujer como vive dentro de las puertas de Toledo.*

5. Otro hecho de estilo es la serie de chascarrillos recogidos de una radición popular.

5.1. *¿Cómo, y olistes la longaniza y no el poste? ¡Olé olé!*

5.2. *Sin dubta por esto se debió decir: «Donde una puerta se cierra, otra se abre.»* Refiere el picaruelo en las continuas escaramuzas que sostiene eon su amo el clérigo de Maqueda.

5.3. *¿Adónde os me llevan? ¡A la casa triste y desdichada, a la casa lóbrega y obscura, a la casa donde nunca comen ni beben!*

5.4. Y quedan otros sin documentar todavía, como el siguiente: *Qué te parece, Lázaro? Lo que te enfermó le sana y da salud, le dice el ciego al curarle las heridas con vino.*

Estas expresiones son el clímax de un desarrollo anecdótico. Los primeros episodios tenían el carácter de historieta y así lo confiesa el autor. *Contaba el cuento del jarro. Dábales cuenta una y otra vez, así de la del jarro como la del racimo y agora de lo presente* (la longaniza). *Mas de cómo esto que he contado oí, después que en mí torné, decir a ni amo, el cual a cuantos allí venían lo contaba por extenso.* (Se refiere al robo de los bodigos.) En esos chistes finales estalla todo el contenido anecdótico. Esta es una razón suficiente para no olvidar que el *Lazarillo* es esencialmente una obra cómica de burlas.

6. El modo de narrar es ágil y vivo a base de una abundancia verbal y mención concreta de las cosas. Todo lo que aparece tiene una funcionalidad sin que exista nada gratuito. Nos encontramos en una etapa literaria todavía primitiva. Si damos un salto de tres siglos hasta otro período novelístico importante, el decimonónico, observaremos que en éste abunda el lujo descriptivo, que siempre es superfluo y gratuito. Su valor funcional es indirecto, el evocar un ambiente, por ejemplo. De este modo las descripciones quedan recuperadas a la estructura. El procedimiento se vuelve abusivo con la corriente naturalista de los años 1881 y ,siguientes hasta el punto de que la sobreabundancia de detalles "inútiles" elevan en mucho el costo de la información narrativa.

Esta forma falta por completo en el *Lazarillo*.

Huelgo de contar a Vuestra Merced esta niñerías para mostrar...

Mas bien, quiero que sepa Vuestra Merced...
Contaré un caso de muchos que con él me acaescieron.
Mas, por no ser prolijo, dejo de contar muchas cosas,
así graciosas como de notar, que con éste mi primer amo
me acaescieron, y quiero decir el despidiente y, con él,
acabar.

La información novelística se reduce estrictamente a lo esencial valedera para justificar el caso. Bastan esos pocos ejemplos. Lo que s pierde en extensión se gana en concentración.

FORTUNA PICARESCA DEL "LAZARILLO DE TORMES"

Exito

Bataillon[59] habla de las vicisitudes por las que pasó la obrita a partir de su publicación. Obtuvo gran éxito entre el público selecto y quizá incluso popular. En la *Introducción* mencionamos las tres ediciones má antiguas de 1554. En 1559 hubo una gran prohibición inquisitorial d libros en los que se encontraban censuras religiosas. El *Lazarillo* entra en ese Indice por lo que sólo puede ser leído clandestinamente. La drástica condena se levanta en 1571 al elaborarse un nuevo Indice expurgatorio confeccionado en Amberes por un grupo de teólogos en torno al gran humanista Arias Montano. La nueva edición corregida sale en 1573 y en ella han sido suprimidos los pasajes del buldero, el tratado IV y alguna frase maliciosa, como la anotada al clérigo de Maqueda sobre su avaricia *no sé si de su cosecha era, o lo había anexado con el hábito de clerecía* El resto de la crítica contra el clero permanece intocable, fenómeno extraño a nuestra mirada de hoy. La única justificación que se pued aducir es la de que el adúltero arcipreste o el avaricioso clérigo eran figuras cuyos defectos resultaban archiconocidos.

El libro expurgado se reimprime en Tarragona en 1586; en Zaragoza

---

59. M. Bataillon, *Novedad y fecundidad del "Lazarillo de Tormes"*, págs. 71 y ss.

en 1599, y en Medina del Campo y en Valladolid, en 1603. Sin embargo, el texto completo se edita en otros países. En 1587, en Milán. El editor italiano, Antonio de Antonii, abriga el deseo de desenterrar *la vida de Lazarillo de Tormes, ya casi olvidada y de tiempo carcomida, pero no menos ejemplar que gustosa*. Se reimprime también en Amberes en 1595 y 1602.

Al mismo tiempo salen traducciones que extendieron por Europa la fama de la obra. La primera versión francesa es de 1560. Le siguen pronto otras adicionadas con el primer capítulo de la "Segunda parte" anónima, o la continuación de Juan de Luna escrita en 1620.

En Inglaterra, la primera traducción es de 1568 y corrió a cargo de David Rowland d'Anglesy. El éxito fue enorme como lo muestran las sucesivas reimpresiones durante los siglos XVI y XVII. En Flandes, Italia y Alemania alcanza parecida difusión. En las postrimerías del siglo xviii con los nuevos gustos novelísticos decae bastante el interés por la novela, hasta entrado el siglo XIX, que rebrotará para apreciarla ya como una composición clásica.

Continuaciones

En 1555 apareció en Amberes una "Segunda parte" de autor anónimo. Comienza con las frases finales del primer Lazarillo y a lo largo de todo el primer capítulo se ciñe al tono realista de su predecesora. Lázaro se entrega a una alegre diversión con unos alemanes venidos a Toledo con el séquito de Carlos V. Luego se embarca en una expedición de Argel y sobreviene el naufragio. A partir de este momento, la narración discurre por cauces inverosímiles, correspondiendo a un tipo de alegoría social. En el fondo del mar, Lázaro se convierte en atún y así sobrevive. Le suceden una serie de aventuras y vuelve con los hombres, pero no lo reconocen. Finalmente, confiesa sus errores a la Verdad. La crítica ha emitido duros juicios contra esta continuación. Así Menéndez y Pelayo la califica como "necia e impertinente". Lo que había sido "novela de costumbres, acababa por novela submarina, con lejanas reminiscencias de la *Historia verdadera* de Luciano". (*Historia de los heterodoxos*

españoles, 2.ª ed. V, pág. 202.) No era tan extraño para aquel tiempo e
motivo metamórfico. Novela de transformaciones es el *Crotalón*
publicada en 1553. De todos modos, al acudir a este recurso desmerece
de lo más auténtico que encerraba el verdadero *Lazarillo*, la denuncia
social, directa, de un ser de carne y hueso.

De más calidad literaria es una segunda continuación a cargo de Juan
de Luna, "intérprete de lengua castellana", impresa en París, en 1620
Pocas noticias se tienen sobre la vida de este autor. Debió de nacer en
Zaragoza y fue perseguido por la Inquisición por lo que tuvo que hui
del país. En París desempeñó el cargo de maestro de la lengua española
y publicó dos obras sobre cuestiones gramaticales. En su *Lazarillo*
muestra un feroz anticlericalismo y lanza duros ataques contra la
Inquisición. También se revuelve contra la continuación de 1555, llena
de "disparates tan ridículos como mentirosos y tan mentirosos como
necios". Las aventuras de su personaje se conformaban al cariz realista
de la primitiva composición. Parte del naufragio, pero no lo transforma
en atún sino que es recogido por unos pescadores que embaucan a las
gentes haciéndolo pasar por dicho pez. Sufre un sinnúmero de malos
tratos, descubre la infidelidad de su mujer con el Arcipreste, se entrega
a la mendicidad y a ejercer oficios ínfimos, entre otros el de servir de
escudero a siete mujeres al mismo tiempo. Finalmente, desengañado
del mundo, se retira a una iglesia.

En este libro están presentes todos los ingredientes de la picardía:
perversión de la justicia, ilegalidad, resentimiento, engaño, cinismo,
astucia, explotación del hombre, etc. La principal censura va dirigida
contra el clero y las mujeres, aunque no falta la variopinta sociedad de
hombres de leyes, alguaciles, pescadores, mesoneros, gitanos, sastres,
hidalgos, etc. En su estructura difiere del primitivo Lazarillo pues carece
de una unidad orgánica; tiene más de narración en sarta que de ciclo
vital, desfila una serie de tipos sociales caricaturizados. Esta desilusionada
visión de la realidad deja a las claras el sentido de la decadencia española
en el siglo XVII que ya se apuntaba en 1554. No hay manera de ascension
posible, aunque sea ficticia. Este segundo pícaro no escapa al montón
de males que le acosan, de manera que el retiro del mundo es su única
salida satisfactoria.

Lo mejor es el estilo, en el que se mezclan los juegos de palabras, refranes, vulgarismos, cultismos y latinismos. Todo presidido por una escritura castiza. Según Hatzfeld, refleja como pocos la expresión idiomática del español típico de la época. Entre el primer *Lazarillo* y éste, media la misma distancia que del Renacimiento al Barroco.

a herencia

No hay dudas de que el *Lazarillo de Tormes* inauguró un género literario denominado picaresca. El problema está en el número de obras que merecen inscribirse en él. A. del Monte propone partir de la diferencia que hay entre *género picaresco y gusto picaresco.* "El primero sólo es fácilmente identificable en algunas novelas; el segundo, es más o menos reconocible en una ilimitada multitud de obras que pertenecen a las más variadas índoles.[60]La división nos parece acertada, aunque de ella, derive otra pregunta primordial." ¿Qué criterio debe seguirse a la hora de incluirlas en uno u otro grupo? El *Lazarillo*, el *Guzmán de Alfarache* y *La vida del Buscón, llamado don Pablos,* son tres títulos que para toda la crítica destacan como tres fases decisivas de nacimiento, apoteosis y agonía en la trayectoria picaresca. Un análisis comparativo de ellas puede permitirnos elaborar unos motivos esenciales y pertinentes para establecer una estructura picaresca.

En toda obra hay que considerar dos grandes niveles, el de la expresion y el del contenido. Destacaremos los componentes picarescos en cada uno de ellos.

. *Plano de la expresión.*

1. Autobiografía (Narrador = Protagonista)
2. Dirigida a una segunda persona *(tú narrativo)*
3. Una proyección temporal:

```
--------------->  ──────────────────────────────>
Presente          Ab initio          Presente.
```

4. Una justificación narrativa, de signo moral, religioso o d
cualquier otro tipo. La explicación de un caso en el *Lazarillo*,
una conversión en el *Guzmán de Alfarache*. Falta este element
en *el Buscón de Quevedo*.

5. Una composición de información + enseñanza, articuladas ent
sí o desarticuladas. Por ejemplo, en *La pícara Justina* la
reflexiones morales reunidas en unos "Aprovechamien-tos aparte
al final de cada capítulo, muestran un desgaja-miento en su form
de presentarse con el capítulo respectivo en sí, aunque en e
contenido de ambos hay una relación interna" (en contra de lo qu
sustenta Bataillon).

II. El plano del contenido

En la vida del pícaro, cuya morfología es un resultado sintagmátic
es decir, el pícaro no *nace* sino que se *hace* en virtud de uno
condicionantes ambientales; el proceso pasa por unas, fases clarament
delimitadas.

1. Geneaología

1.1.   El padre es ladrón o borracho y la madre alcahueta, prostitut
o amancebada.

1.2.   El hijo no sabe quien es su verdadero padre.

1.3.   Sobreviene la muerte paterna de manera poco ejemplar. Así el d
Lázaro, en galeras; el de justina, golpeado; el de Pablos (*el Buscón*), ahorcad
y el de Elena (*La hija de la Celestina*), bajo los cuernos de un toro.

2. Partida del protagonista de su hogar familiar, motivada por l
muerte del padre y la subsiguiente falta de recursos, o bien por propi
iniciativa.

3. El pícaro adquiere conciencia de un mundo hostil, normalment
a raíz de la primera burla.

4. Servicio de muchos amos.

Lázaro sirve sucesivamente a un ciego, un clérigo, un escudero, u
fraile de la Merced, un buldero, un pintor, un capellán y un alguacil

Guzmán es criado de un cocinero, un capitán, un cardenal y un embajador. Pablos acompaña como criado a don Diego Coronel.

5. Sufrimientos nacidos de burlas o de otras adversidades. En ellos tiene una parte activa el medio ambiente, en general compuesto por gente de baja condición social, aunque no falten representantes de otros sectores más privilegiados.

El pícaro tiene que defenderse de los familiares, gentes de justicia, mujeres, estudiantes, clérigos, militares, gentileshombres, cocineros y pinches, prestamistas, mesoneros, cómicos y toda una caterva de ladrones. Por esta razón se ve obligado a aguzar el ingenio y salir victorioso de las duras pruebas. El juego burlador-burlado sigue una progresión en la serie de novelas picarescas, intentando cada una superar en la astucia de su protagonista a las precedentes.

6. Alcanzar un estado.

Es la etapa final de todo el proceso biográfico. Dicho estado puede significar una mejora o bien una situación desgradada. Hemos visto el relativismo que supone "la cumbre de la fortuna" de Lázaro. Guzmán se ha precipitado en sus malas acciones hasta acabar en galeras. Allí se convierte, mejorando moralmente su posición. Ello le justifica para diluir unas reflexiones éticas en medio de su anecdotario picaresco. A un resultado opuesto llega Pablos después de una acumulación de fracasos debida a su desmedida ambición por alcanzar la falsa honra al gusto de la época, consistente en el buen juicio ajeno sin estimar la virtud interior. Su fracaso rotundo es palpable para él y para los lectores. Termina encerrado en una iglesia, pero no como retiro espiritual (como el *Lazarillo* de Juan de Luna; Marcos de Obregón se retira también del mundo), sino para escapar de is justicia. Una misma forma pero de significados opuestos. El texto con el que se cierra la obra es profundamente reformista.

> Yo que vi que duraba mucho este negocio, y más la fortuna
> en perseguirme, no escarmentado –que no soy tan cuerdo–
> sino de cansado, como obstinado pecador, determiné,
> consultándolo primero con la Grajal, de pasarme a Indias
> con ella, a ver si, mudando mundo y tierra, mejoraría mi
> suerte. Y fuéme peor, como v. m. verá en la segunda parte,

> *pues nunca mejora su estado quién muda solamente de*
> *lugar, y no de vida y costumbres.*[61]

La suma de todos estos elementos citados da una novela picaresco arquetípica. Naturalmente, cualquiera a la que intentemos englobar e el género no tiene por fuerza que reunir todos los factores dominante pero sí la mayor parte de ellos, además de ceñirse al itinerario biográfic que va desde un comienzo (el nacimiento) hasta un final (el llegar a u estado). Las que reúnan simplemente unos pasajes aislados procedente de esta estructura modelo, pertenecerán al gusto picaresco. Si el géner dura un siglo y alcanza un gran éxito literario, es natural que mucho escritores se sientan contagiados por él a la hora de trazar un relat comprometido, que equilibre tradición y actualidad nacional.

No nos toca en este trabajo fijar una lista de los dos grupos picarescos Nos limitaremos a citar indiscriminadamente unos títulos de los que n hemos hecho detenida mención en nuestro trabajo y que componen l riquísima historia picaresca. Son: *Rincomiete y Cortadillo y el Coloqui de los perros* (1613), de Cervantes; la *Segunda parte del Guzman d Alfareche*, de Mateo Luján (1605); *La pícara Justina*, de López de Ubed (1605); *La hija de la Celestina*, de Salas Barbadillo (1612); *la Vida de Escudero Marcos de Obregón*, de Vicente Espinel (1618); *el Lazarill de Manzanares* (1620), de Juan Cortés de Tolosa; *El donado hablado Alonso, mozo de muchos amos* (1624-1626), del doctor Jerónimo d Alcalá; *El castigo de la miseria* (1637), de María de Zayas y Sotomayo *La niña de los embustes*, Teresa de Manzanares (1632), *Las Aventura del bachiller Trapaza* (1637), y la *Garduña de Sevilla* (1642), de Alons de Castillo Solórzano; *Vida y hechos de Estebanillo González* (1646) de Estebanillo González; y *Periquillo el de las Gallineras* (1668), d Francisco Santos.

ibliografía

GUADO-ANDRENT, S.: *Algunas observaciones sobre el "Lazarillo de Tormes"*, Ed. Universitaria, Guatemala, 1965.

SENSIO, M.: *La intención religiosa del "L. de T."* y Juan de Valdés, "Hispanic Review", XXVII, 1959.

: Más sobre el "L. de T.", "Hispanic Review", XXVIII, 1960.

YALA, F.: *El Lazarillo: nuevo examen de algunos aspectos*, Cuadernos Americanos, XXVI, México, 1967.

: *Fuente árabe de un cuento popular en el Lazarillo*, Boletín de la Real Academia Española, XLV, 1965.

ATAILLON, M.: *Novedad y fecundidad del «L. de T.»*, Ed. Anaya, Salamanca, 1968.

ARILLA, E.: *Cuatro notas sobre el «Lazarillo»*, Revista de Filología Española, XLIII, 1960.

ASANOVA,W.: *Burlas representables en el «L. de T.»*, Revista de Occidente, n.º 91, octubre, 1960.

OURTNEY TARR, F.: *Literary and Artistic Unity in the "L. de T."* Publications of the Modern Language Associatin of America (PMLA), XLII, 404-421, 1927.

ROSS, E.: *Proteé et les gueux. Recherches sur les origines et la nature du récit picaresque dans Guzmán de Alfareche*, París, 1967.

HANDLER, F. W.; *La novela picaresca en España*, Ed. La España Moderna, S. A.

IDIER, T. J.: *La ambigüedad moral del "L. de T."*, Publications of the Modern Language Association of America (PMLA), LXXXIII, marzo, 1968.

ILMAN, S.: The Death of «L. de T.», Publications of the Modern Language Association of America (PMLA), LXXXI, 1966.

GUILLÉN, C.: *La disposición temporal del "L. de T."*, "Hispanic Review" XXV
   1957.

GONZÁLEZ PALENCIA, A.: *Del Lazarillo a Quevedo*, Consejo Superior d
   Investigaciones Científicas, Madrid, 1946.

JAUSS, H. R.: *Ursprung und Redenfung der Ich-Form im "L. de T."*
   Romantistisches Jahburch, VII, 1957.

LÁZARO CARRETER, F.: *Construcción y sentido del «L. de T.»*, Abaco, I, 1969.

LIDA, M.ª. R.: *Función del cuento popular en el «L. de T.»*, Actas del 1.er Congres
   Internacional de Hispanistas, The Dolhpin Book, Oxford, 1964.

MAROUEZ VILLANUEVA, F.: *Espiritualidad y literatura en el siglo XVI*, Madri
   1968.

MOLINO, J.: *«L. de T.», et les Métamorphoses d'Apulée*, Bulletin Hispanique,
   LXVII.

MONTE, A. DEL: *Itinerario de la novela picaresca española*, Ed. Lumen, Barcelon
   1971.

PARKER, A. A.: *Literature and the Delinquent. The Picaresque Novel in Spain an
   Europe*, 1599-1753, Edimburgo, 1967.

RICO, F.: *La novela picaresca y el punto de vista*, Ed. Seix Barral, Barcelon
   1969.

–: *Introducción a la Novela picaresca española*, Ed. Planeta, Barcelona, 1969

RUMEAU, A.: *Le «L. de T.». Essai d'interprétation. Essai d'atribution*, París 196

ICROFF, A.: *Sobre el estilo del "L. de T."*, "Nueva Revista de Filología Hispánica"
   XI, 1957.

VALBUENA PRAT, A.: *"Estudio preliminar" en La novela picaresca española*, E
   Aguilar, Madrid, 1956.

WARDROPPER, B.: *El trastorno de la moral en el "Lazarillo"*, "Nueva Revista d
   Filología Hispánica", 1961.

WILLIS, R. S.: *«Lazarillo» and the Pardoner; The Artistic Necessity of the Fift
   Tractado*, "Hispanic Review", XXVII, 1959.

índice